琼州第一塔

——明昌塔

蒙乐生 著

中国海洋大学出版社

· 青岛 ·

图书在版编目（CIP）数据

琼州第一塔：明昌塔 / 蒙乐生著. — 青岛 ：中国
海洋大学出版社，2021.1
ISBN 978-7-5670-2699-5

Ⅰ.①琼… Ⅱ.①蒙… Ⅲ.①古塔－介绍－琼州
Ⅳ.①K928.75

中国版本图书馆 CIP 数据核字(2020)第 257813 号

出版发行	中国海洋出版社
社　　址	青岛市香港东路 23 号
邮　　编	266071
出 版 人	杨立敏
网　　址	http://pub.ouc.edu.cn
电子信箱	1922305382@qq.com
订购电话	0532-82032573 （传真）
责任编辑	曾科文 陈 琦　　**电话** 0898-31563611
印　　制	海南金永利彩色印刷有限公司
版　　次	2021 年 1 月第 1 版
印　　次	2021 年 1 月第 1 次印刷
成品尺寸	170 mm × 240 mm
印　　张	13.25
字　　数	149 千
印　　数	1—4000
定　　价	48.00 元

如发现印装质量问题，请致电 0898-36377838 调换。

目 录

CONTENTS ▶

目
录

目
录

· 3 ·

开头的话

海口，历史底蕴丰厚，被誉为"宝岛明珠"；府城，名胜古迹遐迩闻名，被誉为"琼台福地"。作为国家历史文化名城和全国文明城市，"琼台复兴"肩负着可持续发展的时代重任。琼台复兴，说到底就是城市文脉的梳理，历史文物的保护，文化名胜的修复，市民精神的勃发，是不断促进全体市民的文化归属，不断增强城市亲和力与文化凝聚力。

从这个意义讲，重建琼州第一塔、重现古塔灵光是绕不开的重大文化议题。

明昌塔重建落成，文化古迹原址重现，文化研究必须加强，成果必须凸显。

受琼山区旅游和文化体育局委托和泛华建设集团有限公司襄助，海口市乡土文化发展研究会以文化振兴为己任，拟定以古塔为视点，以历史为根，以文化为魂，以务实为要，以惠民为本，以强化历史名城保护与开发为热点和亮点，三方协定以

"传承琼台文脉，重现明昌塔光"为题进行合作，以丰富资料、翔实历史，完成《琼州第一塔——明昌塔》研究成果。

明昌塔，全称"下窑明昌塔"，位于河口河下游的河岸滩涂，即今天美舍河与国兴大道的交界之处。明昌塔层高七级，巍峨挺拔，气势雄伟，独立海疆，号称"琼州第一塔"，是明代府城著名景观之一，与"海南第一楼"——五公祠并称为"琼台八景"之最。

《民国琼山县志》记载，明万历年间（1573—1620年），知府涂文奎、给事许子伟为振兴海南文风，在下窑村修建明昌塔，增设敬事堂、文昌阁、关帝庙。后来，僧人一沥募集资金，兴建大悲阁于塔旁，供奉大慈大悲的千手观音菩萨，香火盛极一时。

明昌塔，宝刹七层八角，直指苍穹，引发人们的丰富想象。民间传说：五月初五夜，塔顶佛光四射，海上历历可见，成了导航灯塔，在引领"海上丝绸之路"航船安全抵达海口港的同

明昌塔

时，放射出振兴海南文运的耀眼光芒。今日的塔光社区，就是因此而得名。

建设中的明昌塔

然而，明昌塔作为标志性建筑，作为有利于通航和有益于民生的地理航标，竟然招来毁灭性的灾祸，惨遭日本强盗蛮横拆除。1939年春，日寇登陆海口。日军航空部队为延长其对中国抗战的重要补给线——滇缅公路的空中打击，选址大英山修建机场作为战略基地。与此同时，盟军飞机也对侵琼日军战略基地——大英山机场进行猛烈轰炸。

明昌塔与大英山机场相距不过千余米。自然而然，明昌塔成了盟军飞机袭击大英山机场的重要标志。对此，强横的日军恐慌万状，立即派兵将明昌塔强行拆毁。民间传闻，当日军拆到第四层时，发现塔肚内蜷缩两条吐出长长舌头的巨大的蟒蛇，惊惧之余，日军匆忙撤走，宝塔残留半截。日本无条件投降之后，残存的半截明昌塔在风雨飘摇中保存到1958年。

当年，受一些愚昧落后的思想影响，明昌塔的文物遭到洗劫，历史文明遭受无情践踏。随后，一些群众做出冲动之举，从祖宗以高度文化自觉主动维护琼台福地历史文明到自身肆无

开头的话

· 003 ·

忌惮地摧残古城历史文明，明昌塔残存的半截塔体被拆毁，历史瑰宝琼州第一塔——明昌塔被彻底拆除，引以为骄傲自豪的宝塔古砖被用来兴建猪舍。再后来，兴建猪舍的古砖也随着时间的流逝而全部流失。

当时发现塔基残留铜鼎一尊、许子伟手书石碑半截，石碑上面镌刻"臣许子伟稽首敬祝"的字样。敬事堂、文昌阁、关帝庙、大悲阁等庙堂碑刻、神像、法器已荡然无存。值得庆幸的是与明昌塔相关的人文历史还保存在历代郡县史志之中，使今人可在历史文献中了解琼台福地的文明背影，为文化名城重建琼州第一塔——明昌塔保留了弥足珍贵的史料。

欣逢太平盛世，海南文明蔚起，海口成了国家历史文化名城，成了全国文明城市。在梳理城市文脉、弘扬优秀历史文化的强烈呼声中，在海口市委、市政府固有的文化自觉与文化责任驱使下，明昌塔重建提上了议事日程，随即探测、规划、设计及实施，并很快竣工。从此，古塔巍然屹立的倩影重新进入市民的文化视野，文化名城古塔灵光重现。

海口传奇

海口在哪里

这是 个很明确的问题，海口与传奇故事相关。

海口传奇故事，其中的一项离不开明昌塔传奇。

2002 年，我参加国务院发展研究中心召开的年会，在所在单位一栏里填上了"海口市政府研究室"，一位兄弟单位同行问："海口在哪里？"

这一提问令人尴尬。是他无知还是城市无名？

他学的是文史专业，后来改行做经济发展研究。

我问："知道唐德宗朝宰相杨炎吗？知道杨炎诗《流崖州至鬼门关作》吗？"

不料他脱口而出："一去一万里，千之千不还。崖州在何处，生度鬼门关。"

我说，唐代的崖州就在今海口境内，是隋唐贬官逐客胆战

海
口
传
奇

心惊的"鬼门关"。如今，不论是提起过去海口的蛮荒落后，还是说到今日的城市巨变，都会引用"鬼门关"这名词。

一番交谈后，我对这位同行说："您说的并不是《全唐诗》中收录的杨炎诗，而是海南文化伟人唐胄在《正德琼台志》中错误引用的诗。"杨炎的原诗是："一去一万里，千知千不还。崖州何处在，生度鬼门关。"这是无与伦比的悲观。其实，文化很容易被误传，城市也容易被误解。可是，这么一错一误，诗的意境就大不一样，与杨炎的原意相去甚远，甚至适得其反。

"千之"与"千知"，一字之差，天壤之别。杨炎的意思是"即使说出一千个理由，但也找不出一条活着回去的理由"，对朝廷的悲观与对海南的恐惧使他绝望。

地名是历史的"活化石"，古代地名所记载的就是城市的历史文脉。

海南开疆立郡于西汉元封元年（前110年），当时汉武帝设立儋耳、珠崖两郡，第一次将海南纳入中央政权统御的版图。当年，珠崖郡治就设立在今海口市境内。

《海南百科全书》记载："汉元封元年置珠崖郡，治所在暺都县，辖海南岛北部和东部地区的暺都、珠崖、玳瑁、紫贝、苟中、临振、山南等县。汉昭帝始元五年（前82年）儋耳郡并入以后，辖境扩大至全岛。汉元帝即位（前48年）初期，岛民连年暴动。初元三年（前46年）春，珠崖郡山南县反，汉元帝采纳待诏贾捐之建议，'罢珠崖郡'。"

西汉珠崖郡是中华海外第一郡，从设立到废除的短短65年时间，郡治设在哪里？

《正德琼台志·古迹卷》载："珠崖郡，汉置，在县东南东谭都石陵村，址存。"

从西汉元封元年到唐乾元元年（758 年），在长达 868 年的时间里，不同历史时期的珠崖郡至少有 7 处，但汉武帝设立的珠崖郡只有一处。

梁武帝大同年间（535—546 年），冼夫人请命于朝，中央政权恢复对海南的统辖；《北史》《隋书》均记载："海南儋耳归附者千余峒。"这是"海南"一词的最早记载。

其时，崖州设在原儋耳郡旧址。唐贞观元年（627 年），改立崖州都督府于今海口市（即杨炎所痛哭流泪的"崖州"，旧址在今琼山府城抱珥山，位于"琼台福地坊"处），统辖崖、儋、振 3 州 12 县；贞元五年（789 年），李复上《收复琼州表》，唐德宗升琼州为都督府，管辖琼、崖、儋、振、万安 5 州 23 县。海南岛别称"琼州"，简称"琼"，皆源于此。

琼山府城，别称"琼台福地"。琼台在哪？在抱珥山，那是当年都督府的旧址。

北宋开宝五年（972 年），崖州并入琼州，振州改称为崖州，与儋州、万安州共 4 州，隶属广南西路。其时，琼州府衙门就设在府城，至今已 1000 多年 。北宋熙宁六年（1073 年），设琼管安抚司，为海南最高行政机构，统辖昌化、万安、珠崖 3 个军，隶属于广南西路。

海口府城的前身是建于北宋开宝五年的"海南卫城池"，至今已阅历千年。在全国 100 多个历史文化名城中，这座统辖 200 万平方千米蓝色国土的"海外第一城"是"南国边陲第一城"，是"南海锁钥""海外重镇"，它是独特的、唯一的，是不可替代的。

海口传奇

不知道海口，不知道府城，不知道河口河，必然不知道琼州第一塔——明昌塔。

河口河是联结海口港与琼州府城的黄金水道，是宋代以来尤其是元明两代的黄金水道。

有宋一代，"海上丝绸之路"的航船通过河口河直达府城东门。历元而明，航船畅通无阻。唐胄《正德琼台志》记载："明弘治初年，知府张桓拓宽河口河的河床，加深水道，使河流畅达。"至万历年间，在河口河下游的河岸滩涂筑起明昌塔。明昌塔成了明代海南的标志性建筑，成了琼州第一塔。原先"振兴海南文风"的祈望成了"海上丝绸之路"远洋航船的航标，闪耀出历史文化的塔光。

海口是怎么诞生的

海口，顾名思义，既有大海又有港口；江环海抱，水汽淋漓，衍生海口。

海，是海洋，海湾，海港；是海滩，海滨，海岸。口，是海南母亲河南渡江出海口，是海南岛的出入口，是港口，是关口，是海岛文明窗口。"海口"二字，具有很高的品牌价值。滨海滨江城市的文化特质决定了海口在华夏城市群落中"出乎其类，拔乎其萃"！

海口得天独厚，是老天爷的宠儿，是南海与南渡江共同哺育的港口城市。《民国琼山县志》记载："南宋时期，琼山县（今属海口市）儒学在海口浦。"滨城海口因儒学所设而得名。

江海滔滔，惊涛拍岸。南渡江就像一条奔腾入海的巨龙，而海甸岛与新埠岛这两个小岛则是巨龙嘴中所吐出的两颗明珠。正因为如此，海南才有了这富甲一方的河口滩涂，才多了这稀世瑰宝。据水文资料介绍，南渡江洪水暴发，江岸崩塌，每年冲刷与夹带了50万吨到100万吨的泥土沙石奔腾北下，眼看就要出海，竟然又分出白沙河和海甸溪两条支流，出现了三江并流的壮丽景观。于是，三江之水与汹涌澎湃的海浪旷日持久地"你冲我撞"，千万年以来一直是你来我往，长年累月，泥沙沉积，托起了这座海岛新城。

作为国家历史文化名城，秦汉风云，唐宋风韵，元代风波，明清风骨，民国风烟，江海环绕的滨海城市让人感悟深邃，感受深透，感慨不已。这座水城不能没有一座古塔，不能没有一座闻名遐迩的琼州第一塔——明昌塔，而明昌塔的兴建只能出现在盛世。

三江分流处，诞生海口浦

海口传奇

游离于中原，孤立于海外，开疆于西汉，起步于隋唐，徘徊于宋元，发展极其维艰。当年的海南一直是以"海外囚笼"的阴森与"鬼门关"的恐怖进入迁客骚人的文化视野。历史的航船驶进了明代，明太祖才以独特的政治视野赋予海南"南溟奇甸"的褒誉。

梳理城市文脉，触摸海口历史，小城春秋回肠荡气。古塔是人文建筑，古塔的历史是人文历史。古塔修建者是城市的主人，古塔修建的故事是城市故事，古塔沧桑也是城市的历史沧桑。明昌古塔，修了又毁，毁了又修，兴了又废，废了又兴，成了城市历史。

由此看来，琼州第一塔——明昌塔的兴盛衰败与城市的兴盛衰败密切相关。中华文明惨遭战乱，日本强盗拆毁宝塔。欣逢太平盛世，海口重建宝塔。文明人修塔，野蛮人毁塔，宝塔的兴废是文明与野蛮的历史分野。是的，只有国家富强、民族兴盛、百姓幸福，才能重提历史文明。是的，只要触及海口历史的经线纬线，就会牵动中国历史的横断面。

千姿百态的古塔

文明古国中国是世界上现存古塔最多、艺术文物价值最高的国家之一。

据有关部门统计，历史上遗留在全国各地的古塔有 3000 多座。这些遗留下来的千姿百态的古塔，不仅有丰富的历史、考古、建筑和防震抗震的参考价值，而且还是一座座珍贵的艺术宝库，它们充分体现了我国古代劳动人民的智慧和创造力。

塔，也称为"佛塔"，公元 1 世纪前后随佛教由印度传入中国。按功能可分为"补势塔""辟邪塔""镇山塔""水口塔""华表塔""文运塔"和"景观塔"等等；按类型可分为"楼阁式塔""密檐塔""亭阁式塔""花塔""覆钵式塔"等等。

美榔塔

楼阁式塔

在中国古塔中，楼阁式塔的历史悠久、体形高大、保存数量最多，是汉民族所特有的佛塔建筑样式。这种古塔虽然层与层之间间隔较大，但塔身层数与塔内楼层的级数基本保持一致。举眼望塔，仿佛是一座高翘的楼阁。形体较高大的楼阁式塔，一般都在塔内设砖石或木制楼梯，可供人拾级而上，登高远望。琼州第一塔——明昌塔即属于楼阁式塔。

密檐式塔

密檐式塔在古塔中的数量和地位仅次于楼阁式塔，形体一般也比较高大，是由楼阁式木塔向砖石建筑结构演变而来的。

海口传奇

密檐式塔的首层高且宽敞，而往上各层之间的距离则相对较短，各层塔檐紧密重叠，因而得名。塔身内部一般是空筒式设置，不能登临眺望。有的密檐式塔在制作之初就是实心构建。即使在塔内设有楼梯可以攀登，但内部实际层数也远远少于外表所表现出的塔檐层数。密檐式塔富丽的仿木结构建筑装饰，大部分集中在塔身第一层。

亭阁式塔

亭阁式塔是印度覆钵式塔与中国古代传统亭阁建筑相结合的一种古塔形式。塔身的外表就像一座亭子，大多是单层结构，有的顶上加建一个小阁。塔身内部一般都设立佛龛，安置佛像。这种塔的造型简易，费用不高，易于修造，故历代不少高僧构建作为墓塔。

花　塔

花塔有单层的，也有多层的。花塔虽然数量不多，但是造型独具一格。它的主要特征是塔身的上半部藻饰繁复的花束，看上去就好像一团巨大的花球。花塔可能是参照亭阁式塔的顶部和楼阁式、密檐式塔的综合形态发展而成，一般用以表现佛教中的莲花藏世界。

覆钵式塔

覆钵式塔是印度古老的传统佛塔，在中国主要流行于元代后期。其塔身部分是一个平面圆形的覆钵体，上面设置有高大塔刹，下面有须弥座的承托。这种塔为藏传佛教较多采用，故又称为"喇嘛塔"，也称之为"宝瓶式塔"。海口市琼山区古那央的珠良塔就属于覆钵式塔。

覆钵式塔

金刚宝座式塔

这种塔流行于明朝以后，其基本特征是：底下有高大的基座，上面建有五塔，中间一塔比较高大，位于四角的四塔相对比较矮小。基座上五塔的形制并没有硬性的规定，有的是密檐式结构，有的是覆钵式形状。该塔是供奉佛教中密教金刚界五部主佛舍利的宝塔。

过街塔和塔门

过街塔主要修建在街道的中央或大路之上，下有的门洞供车马和行人通行。门洞之上所建的塔一般是覆钵式，有的是一塔，有的则是三塔并列或五塔并列。门洞上的塔象征佛祖，凡是从塔下门洞经过，就是向佛祖顶礼膜拜。

海口传奇

除了以上列举的七类古塔之外，在中国古代还有不少并不常见的古塔形制，如在亭阁式塔顶上分建九座小塔的九项塔，类似于汉民族传统门阙建筑形式的阙式塔，形似圆筒状的圆筒塔，以及钟形塔、球形塔、经幢式塔等等，一般多见于埋葬高僧遗骨的墓塔。

还有一种在藏传佛教寺院中流行的高台式列塔，即在一座长方形的高台上建五座或八座大小相等的覆钵式塔。另外，还有一些将两种或三种塔形组合在一起，如把楼阁式塔安置在覆钵式塔的上面，或者把覆钵式塔与密檐式、楼阁式组合为一体，等等，形式丰富，变化多样。

塔一般由地宫、基座、塔身和塔刹组成，平面以方形、八角形为多，也有六角形、十二角形、圆形等形状。塔有实心与空心、单塔与双塔之分，登塔眺望是佛塔的主要功能之一。

塔的层数一般为单数，如三、五、七、九、十一、十三层……所谓"救人一命，胜造七级浮屠"，七级浮屠指的就是七层塔。到了唐代，寺院中心另建大殿，供奉佛像，进行佛事，出现了塔与殿并重的局面。后来，供奉佛像的佛殿逐渐成为寺院的主体。到了宋代，又出现将塔建于佛殿之后的建筑，打破了寺塔一体的格局，出现了

美榔塔饰

有塔无寺、有寺无塔的情况，甚至佛塔已经不独为佛祖一尊所享，出现了双塔相伴、三塔影足，海口的美榔双石塔就属于双塔相伴。

文明古国的宝塔，历尽沧桑，久经风雨，融汇了令人神往的历史传奇和动人故事，使人回忆起那一去不复返的遥远古代，使我国蔚为壮观的古建筑艺术焕发出灿烂的光辉，成为我们民族的精神丰碑。明昌塔兴建之初，"侧有敬事堂、关王庙、文昌阁"，还有"置田一十五丁"，"后僧一沥募改建大悲阁"不知哪年。到了"乾隆三年（1738年），僧法空重修"。于是，便有了琼山县志记载的乾隆年间（1736—1795年）杨缵烈的《游大悲阁明昌塔记》。

一座明昌塔，不知有多少人为之倾注心血，使之成了海南历史建筑的艺术奇葩。

明昌塔——琼州第一塔

古塔是历史建筑的艺术奇葩，明昌塔是海南历史建筑的艺术奇葩。

塔起源于南亚古印度佛教建筑，塔的兴建随着佛教的兴盛而兴盛。

从文献记载来看，佛教与塔传入我国大约已有2000年的历史。汉武帝时张骞通西域，打通了西亚、南亚的通道，打通了国人津津乐道的经济文化通道——丝绸之路，加快了古印度佛教从西域通道传入中原的步伐。史载：唐代高僧鉴真第五次东

海口传奇

渡日本遇台风漂流一个多月后在崖州湾登岸，留下了"大云寺"等历史遗址，那是佛教佛寺传入海南的最早建筑。

唐胄在《正德琼台志·卷二十七·寺观》的开篇中开宗明义曰："释道，三代以下不能禁。琼僻，宇宫自少，国初又经归并。今祝庆大所，外而诸遗址亦及者，非重也，资博雅者之欲知尔。"唐胄的意思是海南僻处海外，云"寺观"者，"资博雅者之欲知尔"。

《正德琼台志》是唐胄编纂的海南现存最早的地方志，志书《卷二十七·寺观》"琼山县"条记载："弥陀塔，在城东二里弥陀堂后。丁村塔，在县南五里大来都，元乡人建。天明塔，在郡北七里海口都。元至治（1321—1323年）初，文宗潜邸时登岸抵此天明，因创而故名。岁久倾废。国朝正统间（1436—1449年），指挥李翊追慕古迹，于其地建坊，扁曰'天明古记'。张吴塔，在县东南十里张吴都，宋时乡人建。东岸塔，在县东十里上东岸都，元乡人建，后江决。苍驿塔，在县西十五里苍驿都，元乡人建。买椰塔，在县西三十里永都，元乡人建。石山塔，在县西四十里石山都，元乡人建。雷顺塔，在县东四十里小林都，元僧无我建。梁老塔，在县南六十里梁老都，宋乡人建。"仅琼山一县，唐胄记录的古塔就有十座之多，但如今已

敬书塔

无一幸存。也就是说，《正德琼台志》成书时，明昌塔还未兴建。

《正德琼台志·卷二十七·寺观》"澄迈县"条专文记载海南现存的最早古塔："买榔二塔，在辑瑞庵前左右深田中。元乡人陈道叙有二女，长灵照适人，次善长出家居庵。道叙为捐钱一千缗，建立此塔。高五丈余，层檐七级。一座八角，一座四角，石工精巧。"

该条末尾附进士唐绢诗："西竺原为舍利天，移来琼岛地依然。魁奇两汉争雄日，丽美双乔并立年。雁带晴光过绝顶，月留清影醮前川。白云归去伊谁主？白草无人满地芊。"

也许，限于脚力所及或记录有所遗漏，其他县并非没有古塔。但总的看来，明代正德年间（1506—1521年）海南古塔寥寥无几，除海口、澄迈之外，其他县基本没有，即使有，规模也不大。万历年间，明昌塔横空出世，奠定了琼州第一塔的历史地位。

明昌塔祖师殿

海口传奇

明昌塔修建的历史背景

人文蔚起　催生古塔

古塔是独特的人文建筑。明代海南，人文蔚起，催生了琼州第一塔。

华夏文化，多元发生，历史名城，星罗棋布，如海口者，凤毛麟角。

唐宋以降，中原书院渐兴，得文化育化，受文明熏陶，使荒僻海岛、边远郡治，礼乐教化大开，天涯弦歌不辍，琼州薪火相传。北宋庆历四年（1044年），琼州府学兴建，学宫就设在府城。其时，宋仁宗任命国子监教授宋守之为琼州知州，并赐予翰林院的藏书。

明人吴节在《琼州府学鼎建新堂》中说："自昔郡学之制，则始于庆历（1041—1048年），详于孝宗淳熙年间（1174—1189年），有自来矣。人物之盛，在宋时有扬誉苏门者焉，有驰声甲科者焉，亦有文擅乡邦者焉。"文中"扬誉苏门者"进士是指姜

唐佐"秀出羊城翰墨场"（苏轼《赠姜唐佐生》），而"驰声甲科者"则是指符确登进士；"文擅乡邦者"则有丘濬等诸人之多。

北宋绍圣四年（1097年），苏东坡被贬儋州，途经府城，寄宿城南开元寺，于郡东发现浮粟和洗心两泉，经其颂扬，汲者常满。三年之后，东坡北归，旧地重游，新亭初建；郡守承议郎陆公请其题写亭名并赋诗，苏子欣然命笔，挥毫泼墨，书"洞酌亭"并题诗。

苏东坡在海口留下了文化财富，姜唐佐为琼州人"破了天荒"。史载，姜唐佐跟随时任府城白沙教谕的父亲姜元韶来此习读，家学渊源深厚。姜唐佐中举既是自身的勤奋努力，又得苏东坡的指教点拨。文化大师文德昭著，他们的人格感召力与文化影响力流传至今。

宋代文化中心南移，海口文教日盛。苏东坡被贬琼州前的元丰年间（1078—1085年），琼管帅李时亮已在大成殿建御书阁珍藏朝廷赐书。南宋淳熙九年（1182年），琼管帅韩璧重修学宫明伦堂，朱熹曾为之作序并题写匾额。《万历琼州府志》记载："贡院在县北天宁寺旁。宋南渡，琼设科取士于此。"宋代海口拉开了文明序幕，预兆文化高潮即将到来。

明代是海南发展史上的鼎盛时期，这与朱元璋对海南的开发特别关注密切相关。

洪武元年（1368年），明太祖朱元璋平定海南，采取各种措施加快海南开发。一是提高海南地位。颁发《劳海南卫指挥敕》，誉海南为"南溟奇甸"；颁发《宣谕海南敕》，称海南"习礼义之教，有华夏之风"。为此，朱元璋于洪武二年（1369年）

升琼州为府，第一次将海南由广西管辖划归广东管辖。二是大建州治、县城。洪武二至九年（1369—1376年），扩建琼州府城和儋、崖、万州各城，在昌化、文昌、澄迈、乐会、定安、会同等地修建县署城池。三是兴教育才。重视治民养士，在府、州、县设立学校充实府学，增建书院、学宫、义学、社学、私塾，改革学制，增加教谕训导，重用赵谦在琼州造就后进。四是重视农桑。在琼山、澄迈、临高、定安屯田，令军人16岁以上者屯田自食；在昌化等县勤课农桑；耕地面积比前代扩大，粮食产量5倍于元。五是兴修水利。诏令地方官员教民筑堤坝修水塘，以备旱涝，如在琼山修建梁陈陂、在谭邓塘筑闸提水以扩大灌溉面积等。六是陆防海防并重。陆上设立烽堠、营堡，建营房、演武亭；同时设海南卫，并在儋、崖、万各州以及清澜、昌化、海口等地创立千户所，巡海警备，加强海防。七是发展盐业。在大小英感恩（琼山）、三村马裊（临高）、陈村乐会（琼海）、埔顿兰馨（儋州）、新安（万州）、临川（崖州）设六大盐场，各置大使1员管理，使灶户不致亏损。八是整饬吏治。任用贤能，厘革宿弊。九是团结少数民族。在五指山区招抚黎族向化，大济饥民，赖以全活者数万人。

皇上金口一开，朝廷措施推行，州县官员不敢怠惰，海南文风大变，琼州人才辈出。总而言之，推行以上九大措施，使海南岛得到全面开发，琼州府治经济、文化空前繁荣。

洪武二十七年（1394年），"都指挥花茂奏筑城防倭"；第二年"安陆侯吴杰委千户崇实兴筑"，海口所城落成。所城东北面临大海，外筑石岸九十丈；城墙"周围五百五十五丈，高一丈七尺，阔一丈五尺，雉堞六百五十有三，窝铺十九，辟四门"，外设环城壕沟，由千户所驻兵防守。为加强防卫，卫所设"白沙寨艚船二十二只，长号桨船十五只，正兵二哨驻泊白沙港……隆庆元年（1567年），驻军白沙水寨，兵船六十只，官兵一千八百二十二名，把总一员"。除设置水军营寨、增派官兵驻防之外，还在白沙口增设造船厂，督造大小战船，巡视琼州海面，护卫沿海乡镇。直至清初，仍设置"白沙汛，配备哨快船十四只，战守兵四百五十六名"。所城落成，驻军增加，水寨设立，港口扩大，商贸渐兴。到了万历初年，海南人口、经济、文化盛况空前，创造了有利兴建明昌塔的经济基础和社会环境。

古塔是人文建筑，是一个地区的文化标志。完全可以这么说，没有明代万历年间海南的人文蔚起，没有琼州知府涂文奎、文化义士许子伟、诸多文化官员及地方士绅的文化自觉与文化奉献，就没有明昌塔及其附属建筑的衍生，就没有"琼州第一塔"的横空出世。

人才辈出　星斗丽天

古塔是一个地区的人文建筑和文化标志。古塔兴建需要人文蔚起的文化氛围，需要乡贤群体的文化自觉。人才辈出、星斗丽天是明代海南文化发展的突出特点和人文基础。

谈起海南乡贤，首推明代丘濬。《名臣录》评说："本朝大臣律己之严，理学之正，著述之富，未有出其右者。"成化二年（1466年）秋，朝廷选拔贤能，一月之内，丘濬被擢为大学士，邢宥被荐为都御史，薛远被授为户部尚书，一时舆论鼎沸，誉

儋州敬书塔

为"海外衣冠胜事"。

琼州风俗，尊师重教，耕读传家，士子习文。北宋末年，姜唐佐"秀出羊城翰墨场"，科举夺魁。南宋时期，白玉蟾仙风道骨，成了南宗道教五祖之一。

有明一代，琼州人文，诗书礼乐，扬名京华。海南"四绝"中（丘濬称"著绝"，海瑞称"忠绝"，王佐称"诗绝"，张岳崧称"书绝"），除张岳崧外，均出自明代。此外，进士吴锜，熟习礼仪，王佐在《赠吴肃正里周年序》里提及"两京缙绅欲行冠礼……两出吴氏门人"；乐有汪浩然，出身于音乐世家；等等。这一时期，海南中进士者62人，中举者594人。海南士子，上京登殿，吐气扬眉。

明正统七年（1442年），薛远中进士被授为户部主事。天顺年间（1457—1464年），薛远奉诏治理黄河水灾，亲临险地，堵塞决口，抢修堤坝，抚恤灾民，得到皇帝嘉许，后升为户部尚书。然薛远耿介方正，逆鳞进谏，弹劾太监汪直，终被罢免尚书之职。薛远好学，知识渊博，礼乐典章、兵制刑法、职官政令、天文历法莫不涉猎，著有《编正信都芳乐义》7卷。

郑廷鹄，明嘉靖十七年（1538年）进士，曾任工部都水司主事，补礼部仪制郎、吏科给事中、工科左给事等职。嘉靖二

十九年（1550年）被钦命为考核外官，不久提升为江西督学副使。郑廷鹄视学之余勤奋笔耕，编成《琼台会稿》12卷；参与撰辑《武学经传》40卷；主持纂修《白鹿洞志》，遗著有《藿脍集》《易礼春秋说》《兰省掖垣集》《石湖集》等。

吴会期，明嘉靖二年（1523年）进士，授南京户部主事，不久转为工部郎中，奉旨营修九庙和七陵。内侍高忠恃宠贪劣，假公济私，会期不许，令高忠无法得逞。九庙与七陵工程告竣，节省费用十分之五，被擢为正四品俸服。当时，严嵩网罗党羽，会期不附权势，遭受贬谪，弃官归里，立家庙，置义田，兴社学，海瑞称其"貌古心实直"，被奉祀为琼州乡贤。

汪浩然，明代音乐家，成化年间（1465—1487年）与儿子同被选为宫廷乐师，在海南音乐史上独树一帜，著有《琴瑟谱》《八音摘要》等。《琴瑟谱》保存了古代各种乐曲。《八音摘要》主要叙述历代民间乐调及演变为宫廷乐调的经过史实，同时分述"八音"（金、石、丝、竹、匏、土、革、木）及舞图、歌谱等，计10目，二书均被收入清代《四库全书》。

《四库全书》收录有琼人著作12种。除了汪浩然的《琴瑟谱》《八音摘要》，还有丘濬的《大学衍义补》等5种及海瑞的《备忘集》、钟芳的《钟筠溪家藏集》、王弘海的《天池草》、陈是集的《溟南诗选》、白玉蟾的《道德经章句注》等，可谓洋洋大观。

宋明以来，海南诸多文化大家的文化努力和文化建树，有效地促进了中原文化在偏僻海岛的传播与交流。到明万历年间，这种影响越来越大，有力地推动了海南文化的发展，出现了人才辈出、星斗丽天的文化景观，留下了明昌古塔等富有历史价

明昌塔

值的人文建筑。

　　下面，笔者将依据历史资料，介绍郡治人文环境及时贤文化思维与文化景象。

布衣卿相　理学名臣

　　谈海南人文历史，离不开布衣卿相、理学名臣丘濬对海南文化的巨大贡献。

　　丘濬（1421—1495 年），理学名臣，思想家，经济学家；府城下田村人。丘濬好学，过目成诵，史称"三教百家之言，无不涉猎"。丘濬与海瑞一同被誉为"海南双璧"，很多人知道海瑞是"海青天"，但很少有人知道丘濬的雄才大略和他"治国平天下"的思想理念。

沿着"学而优则仕"的科举台阶，丘濬步入了封建王朝的政治殿堂。从翰林院庶吉士起步，由翰林院学士、国子监祭酒、礼部尚书，到会试总裁官、文渊阁大学士、户部尚书兼武英殿大学士，丘濬施展政治才干，向明孝宗提出了"民惟邦本，本固邦宁"的民本思想。

　　丘濬一生，博览群书，著述等身。其著作涉及政治、经济、哲学、文学、医学、戏剧等诸多方面，代表作是《大学衍义补》。丘濬是我国也是世界上第一个提出"劳动决定商品价值"的学者，这一观点比英国古典经济学家威廉·配第的"劳动价值论"要早180年。

　　丘濬认为，治国平天下，政事千头万绪，但究其根本，是以民为本。丘濬指出："盖君之所以为君者，以其有民也，君而无民，则君何所依以为君哉?"他坚持己见，"国之所以为国者，民而已，无民则无以为国矣"。所以，他劝谏孝宗："民惟邦本，本固邦宁!"

　　从神童到学士，从布衣到卿相，丘濬深知民生疾苦，希望皇帝书民本思想于座右，让"人君知天之道为生民立我以为君，则必爱天之民"。至于如何爱民，丘濬针对明中期土地兼并严重的现实，提出"人君之治，莫先于养民，而民之所以得其养者，在稼穑树艺而已"。

　　丘濬出身贫寒家庭，对下层民众的艰辛有切身体验。所以，丘濬主张"固邦本"，既要对普通百姓关怀备至，更重要的是要使鳏寡孤独、贫苦无靠、遭受灾害者都要得到朝廷救助。为此，丘濬提倡以德治民，他奏请朝廷，削减民租，休息民力，使民众安居乐业。

为了"本固邦宁"，丘濬提议："人君为万民之父母，必当尽治、教、养之事。养之，以至于繁庶；治之，以至于富足；教之，以至于仁厚。"他主张，治理国家，单使民众繁庶富足是不够的，还要让他们善良淳厚，这就要通过立校设教，让民众接受教育，为良从善。

针对社会现实，丘濬从经济、政治、教育、法律和军事边防等方面对民本思想进行系统演绎，富有创见地提出爱民、富民、养民、教民、便民、安民、顺乎民心、使民亲附、兼爱华夷之民的思想，并在治国平天下中努力将其付诸实施，给后人留下宝贵的思想精华。

丘濬虽然在京为官，但他的民本思想、爱民情怀德泽故里，家乡百姓世代传颂。明成化年间，丘濬丧母回乡守制，龙塘镇抱元村的老百姓向他哭诉，豪强堵水坝，致使良田变成深渊达40余年，含冤衔屈，投诉无门。丘濬仔细倾听，仗义执言，豪强认错改过，乡民感恩赠田，他不仅辞谢拒绝，还引领乡民修水利，使水稻获丰收。

为此，丘濬创立《祭告抱元境神祝文碑》，表明并非己功，乃天道好还。500多年之后，古碑还屹立如初，它永远铭刻丘濬"民惟邦本，本固邦宁"的苦心。丘濬"民惟邦本，本固邦宁"的民本思想影响巨大，促进了明代海南的经济发展和社会进步。

说说"海外衣冠胜事"

海南岛是移民岛，海南岛移民大多是文化移民。

中原衣冠南渡，华夏礼乐南迁，海岛人文蔚起。

北宋末年，苏东坡被贬海南，史载："宋苏文忠公谪居儋耳，讲学明道，教化日兴，琼州人文之盛，实自公始。"可是，文化大师是坦诚的，他了然海南历史，并不偷天下之功为己有。大师说："自汉末至五代，中原避乱之人多家于此，今衣冠礼乐斑斑然矣!"（《伏波将军庙碑记》）

的确如此。苏东坡的坦诚，在于他明智谦和，"人文之盛，非自己始"。文化大师博览群书，学识渊博，眼光独到，他有文化良知。文治教化不可能一蹴而就，没有潜移默化，不可能"礼乐斑斑"。就像陈年佳酿，除了好原料，还需岁月酿造，方能甘醇清香。

中华历史，言之凿凿：终汉之世，400多年间，其时两汉大军曾经三次挥师渡海。

其一，西汉元封元年（前110年），路博德抚平南越，在海南岛设儋耳、珠崖2郡。

其二，西汉甘露二年（前52年），珠崖郡反。四月，汉遣护军都尉张禄率兵击之。

其三，东汉建武十八年（42年），马援"抚定珠崖，调立城郭，置井邑，立珠崖县"。

《汉书·地理志》载："自合浦徐闻入海，得大洲（即海南岛）东西南方千里……男子耕农，种禾稻苎麻，女子桑蚕织绩。"汉得大洲之后，曾因强征"广幅布"，激起民变，郡城被攻陷，郡守被杀。由此可见，汉代海南纺织品已被朝廷看好，贡品已进入皇家内宫。

汉朝末年，三国鼎立。东吴赤乌五年（242年），孙权命聂

友、陆凯率军渡海，战报奏捷，海南岛被纳入了吴国版图。晋室南渡，仕民避乱，迁居海南者为数不少。及至南朝梁大同年间冼夫人请命于朝，置崖州，"海南儋耳归附者千余峒"，海岛受其统辖。

隋唐两代，海南岛成了贬官流配之地。《五代史·南汉世家》载："唐世名臣谪死者往往有子孙，或当时遭乱不得还者。"被流放海南的罪臣有韦执谊、吴贤秀、王震、辜玑、李德裕等卒于贬所。贬谪罪臣大多是文化官员，他们与子孙后代成了海南的文明使者。

所以，苏东坡在《伏波将军庙碑记》一文中对郡县设置与海岛开发做出了公允评论。其实，文明传播，薪尽火传；文化接力，旷日持久。海南为秦象郡边徼之前，岛民已以海为田，刳木为筏，怒海行舟，海岛已呈现海洋文明的曙光。西汉设立珠崖郡，就因珍珠而得名。

不管是强征"广幅布"，还是西汉时期"盈寸之珠"，那都是海南文明的产物。

中原文明与海岛文明碰撞，海外绝域撞响黄钟大吕。从某种意义上说，文明推进在很大程度上离不开内力，这种内力就是中原移民文化与海岛本土文化在碰撞中融合。也正是文化的碰撞与融合促进了海岛经济文化发展，产生了相对宽裕的财力，催生了琼州第一塔。

从"衣冠礼乐斑斑然"到今日历史名城，明昌塔在滨城海口文明呼吁中浴火重生。

琼郡艮方　祈望秀气

艮方是东北方，是八卦与方位的标示。明人认为，从风水学上讲，琼州府城的东北方不是江海环绕的滩涂洼地就是波流汹涌的水口，再远处就是茫茫无边的海浪，缺少突兀高耸的地理形势和环境屏障，不利于藏风藏水，不利于藏住财富，必须想方设法"补势"。

所谓"补势"，就是营造郡城"藏风聚气，山环水抱"的理想环境。当时，琼州知府及地方贤达综合考虑郡城"风水元素"，相信"人才原自关地运，何由磊落成群英"的文化理念，结合文峰塔建造之后"文风丕振，科甲蝉联，人才辈出"的文化现象，协议在下窑村河口河水口处创建明昌塔，目的是满足"琼郡艮方，祈望秀气"的心理冀望。

明昌古塔

人是环境的产物，特定的社会环境造就特定人物的特定思维。我们不能脱离当年的历史现实和文化心理，以跨越历史的不负责任的态度来指责或者批评当时贤达的文化热忱，更不能将"封建迷信"的帽子扣在兴建古塔的文化前贤的头上，更何况海南的地理偏僻与文化落后催生文化学者相信风水决定前途命运的历史学说。当年，除了协议创建明昌塔外，还做出试图建筑水坝堵截北冲河口的愚蠢之举。客观地说，试图实现"琼郡艮方，祈望秀气"的心理冀望在当时历史条件下也是一种积极的文化进取，对士子文化崛起是一种积极激励。

其实，风水学上，除了"补势"之外，还有龙、砂、穴、水、坐向等等重要内容。

老子云："上善若水，水善利万物而不争，处众人之所恶，故几于道。"（《道德经》）如果没有江河湖海的孕育，没有淋漓水汽的润泽，就不可能诞生历史名城，就不可能成就大美海口。

滨海城市之美，美在波光云影，美在椰风海韵。水面是城市的秋波，东湖西湖，水汽氤氲，那是大美海口的美丽眼睛；那平湖双月，精光四射，就像是那妙龄少女脉脉含情。历史就像一江春水流逝，宋元之后，直至明清，东湖西湖，那可是当年海口的城市内港。

海口还有小西湖，得名于明代，别称"玉龙泉"，为文人墨客所雅爱，如今仍残留"西湖"牌匾。那里，甘泉潺潺，林木森森，几亩方塘，泉清见底，水草鲜美。那是一眼冷泉，每到炎夏，艳阳当空，冷泉消暑，清爽宜人，人见人爱。惜乎远离市区，鲜为人知。

城里波光云影，可歌可吟；山野湖面如鉴，可游可玩。但是，并不及河口河，不及北冲河，更不及南渡江。河口河，发源于玉龙泉，流经丁村桥、洗马桥，过府城南门至河口村，然后一分为二，其一至白沙、海甸二村，经南渡江入海；其二为河口河，即美舍河。

史载，宋初大兴土木，将州治从旧州迁至府城，就是看中舟楫便利。从白沙港到河口河，只不过是一箭之地。解缆泛舟，桨拨船行，山清水秀，那是何等惬意！史载，宋代多次修河，连远洋海舶都经此河道直达城下码头。明代中期，琼州知府张桓曾拓宽与加深河道。

疏浚河口河，郡城史志记有动人篇章。清乾隆元年（1736年），道台潘思矩率众治淤，开凿河道，使河口河经苏泉书院与明昌塔出海，成效卓著，民众称之为"潘公渠"。尔后，从"灌溉无资，舟楫弗通"到琼州府每年拨500两银治河，足见水道与城池密切相连。

虽然，那曾经润泽古城的清流已几近枯竭，但是，它在古郡志书与文人笔记里仍清波荡漾。完全可以这么说，没有宋代那桨声灯影的河口河，没有明代那货流通畅的舍城水，没有这条当年府城的水上大动脉，也许就不会有历史文化名城海口的"七井八巷十三街"。

虽然，河口河今日已改名美舍河，而且已失去行舟与灌溉的功效。但是，美舍河仍然河水流溢，仍然穿越城市中心，仍然流经海甸溪入海。时至1999年，作为民心工程，美舍河整治牵动人心。终于，美舍河变了模样，变成一条玉带，成了新海口的美丽画图。

水是生命之源，水润滨城，千古如斯。上善若水，浩然无

私，海口大美如斯。

客观地说，琼州第一塔——明昌塔的重建，古塔雄姿重现，弘扬与传承历史文化的坚定执着与积极努力，不仅是历史文化名城浓墨重彩的一笔，更是文明海口的亮丽名片。

创议建塔　名曰"明昌"

查阅历朝历代县志郡乘，几乎都有关于明昌塔的历史记载。但是，最早记载明昌塔创建历史的史书首推《万历琼州府志》。史载，明昌塔经知府涂文奎、给事许子伟及乡士夫"协议创建"，于"万历二十四年丙申肇基"。万历丙申年即1596年。《万历琼州府志》的总裁戴熺是万历三十五年（1607年）进士，时任广东右布政使；另一总裁欧阳灿是万历年间最后一任琼州

夜望明昌塔

知府。也就是说,《万历琼州府志》成书最迟应该是万历四十八年(1620年),距明昌塔肇基的时间仅仅24年,所记所录应该是权威史实,后来的郡乘县志所采用所刊载的都是《万历琼州府志》的原始史料,所不同的只不过是表述上的差异而已。

据《万历琼州府志》记载,"知府涂文奎、给事许子伟及乡士夫协议创建";又云"乙巳(万历三十三年,即1605年)地震倒塌,给事复建"。查《康熙琼州府志》"寺观"条,琼山境内关于古塔的记载缺页;尔后史志记载,大同小异。《民国琼山县志》记载:"下窑明昌塔,在郡城北三里许下窑村前。明万历间,知府涂文奎、给事许子伟及乡士夫同建,傍有敬事堂、文昌阁、关帝庙,置田一十五丁。后僧一沥募改建大悲阁。乾隆三年(1738年),僧法空重修。六年(1741年),郡守张秉义迁关帝庙于攀丹村之联璧坊。道光十六年(1836年),护道张堉春首倡官绅同修大悲阁(《旧志》增)。"所谓"明昌"云云,志书并未说明,但从传统文化的弘扬与传承的深刻意蕴来推断,其人文意蕴应是"政治清明,文化兴盛"。

"明昌塔",顾名思义,寓意"大明宝塔"。"明昌"既包含大明王朝的"明",除了政治清明之外,也有祝愿琼州文风大振、文明昌盛之意。这是良好祝愿,既符合大明王朝皇亲国戚与大小官员的文化心理,也符合本土士子的意愿,探本穷源,可谓用心良苦。

故此,修建明昌塔的确具有非凡的历史意义。只有万历年间,知府才能"协议"修建宝塔,也只有万历年间,知府才有财力修建宝塔,否则的话,岂能用心良苦而建成。

文峰塔 "关镇博冲"

博冲，也叫北冲，即北冲河，是明代府学前叫"学前水"的一条支流，出口在府城东南五里东昌村境内。唐宋时期，琼州不知怎么流传起"北冲河口塞，五解状元生"这么一句令人费解的谜语，使得平平常常的一条小河风生水起，浊浪滔天。于是，上至州府官员，下至平民百姓，都相信这个征兆如果实现，被朱元璋褒誉为"南溟奇甸"、赞扬"习礼仪之教，有华夏之风"的海岛，将至少出现五位解元状元，将超越丘濬、邢宥等前贤在科考中夺得鳌头，海南可因此而文运崛起，彪炳史册。可是，等了一年又一年，北冲河口依然川流不息，依然没有看到河口堵塞。万历四十二年（1614 年），琼州知府谢继科请致仕官员王弘诲及乡绅贤达商议，采用人工堵塞河口以应谜语。王弘诲看到众人对文运振兴、滨海邹鲁文化勃兴如此期盼，群情如此激昂，在商议当日题写了《午日卓明堂议修筑北冲河口》长诗：

五指参天五岳呈，四州导水四山倾。

地脉不缘沧海断，中原垂尽睹全琼。

特起昆仑浮浩漾，居然福地拟蓬瀛。

鸿荒世远不可辨，唐虞声教朔南屏。

郡县开疆始秦汉，舆图一统归皇明。

玉旨一从褒甸服，珠崖千古表神京。

海滨弦诵追邹鲁，天上夔龙翊治平。

乡里衣冠今不乏，登高望远几含情。

爰稽往牒纪图谶，大魁五解须汇征。

数过时考今则可，后有作者谁先鸣。

北冲河口尚未塞，女娲补天须经营。

裁成辅相固有道，望景观卜希前旌。

弱龄微尚今衰晚，揭来吾党欣逢迎。

维时天中际佳节，嘤鸣求友罗群英。

蒲觞彩缕纷竞勤，玄谈四坐俱同声。

就席探韵陈风雅，稽首神天为主盟。

卓明堂中一杯酒，上常肸蚃昭墙羹。

肝胆镌铭谐楚越，市义好德垂休名。

从此山灵增气色，风气会合符嘉祯。

五百名世应时出，三千礼乐对纵横。

政善民安歌道泰，风调雨顺贺时清。

雍熙世拟华胥国，蛮荒时筑受降城。

逸史赓歌摘苏句，载称奇绝冠平生。

王弘诲博学多才，曾任南京国子监祭酒，官至礼部尚书，他引经据典，兴致勃勃，洋洋洒洒，滔滔不绝，寄托自己期盼，被"北冲河口塞，五解状元生"的文化愿望冲昏头脑。这位海南著名文化学者与琼州府文化官员的文化冲动让他们做出了背离文化常识的蠢事。

人工发力，众志成城，"北冲河口塞"如期实现，可是"五解状元生"不但无法如愿以偿，就连考中进士的愿望都一再落空，无情的打击接二连三，祸不旋踵。

天降大雨，河水暴涨，淹没稻田，谷物失收，期望吃饱肚子却堵了一肚子气的农民成群结队涌进府衙，知府惊慌失措，

明昌塔修建的历史背景

无可奈何，只好让一哄而上的农民把多年来费尽心血筑就的河口堤坝扒开。积水排除了，"北冲河口塞，五解状元生"的文化愿望落空了。

今日重提此事，并非故作高深，妄意讥笑时贤的文化热情，更不是有意指斥受历史局限的前贤鼠目寸光，只是就事论事，只是想讲讲文峰塔"关镇博冲"的文化愿望，因为回忆明昌塔人文历史，不能不提及文峰塔"关镇博冲"，而重提"关镇博冲"自然而然涉及此事。

文峰塔，又称丁村塔，是元代兴建于郡城的一座古塔。清康熙琼州知府焦映汉在《重建文峰塔去碑记》中曾说："文峰塔在琼邑丁村之东南……形胜固自天成，而补偏救坏端资人事。今必谓一郡人文，尽乞于一指顽峰，似非有志者所乐闻，然木杆小试辄效于前，将石塔高标自徵于后……"所说的"木杆小试辄效于前"是知府贾棠立竿见影的故事。

一座文峰塔，竟然留下了这么多的故事，它是与明昌塔相辅相成的历史故事。

文峰塔与明昌塔

文峰塔，在城外西南隅八里许大来都地方附近丁村桥南高埠处，琼士谓此塔兴废关一郡文风盛衰。自塔圮60余年，科第寥寥。清康熙甲申年（1704年），知府贾棠于塔旧基建长杆以助文明，乙酉科琼郡获举者六人，琼山居四。贾公遂倡助重建，除各官绅捐金三百外，琼山知县王赞费六百金董其成，有碑记。

乾隆十一年（1746年），知县杨宗秉重修。三十八年（1773年）复圮，绅士吴位和、杜攀能等重建。道光五年（1825年），郡守吕子班集邑绅捐修。

同治元年（1862年），琼山县彭荣诰重修明昌、文峰二塔，此科获隽者五人，琼山居二。后郑天章又捷南宫。由此看来，历明而清，明昌塔与文峰塔历圮而历修，对琼郡文风振兴的坚守与追求不分官绅，代代不乏邑人，历代县志对此多有美言。

《民国琼山县志·卷二十三·官师志》记载："贾棠，直隶河间人。康熙三十七年（1698年）由岁贡任琼州府。正己率属，决讼如流，置义田，济孤贫，岁饥捐赈，民赖以甦。郡治苦低洼，乃除道成梁，以便行旅。捐俸修学宫，辑郡志，任琼九年，百废俱举。擢本盐法道，整饬鹾政，通商恤民，祀名宦。"知府贾棠因倡助重建明昌、文峰二塔而入祀名宦祠。

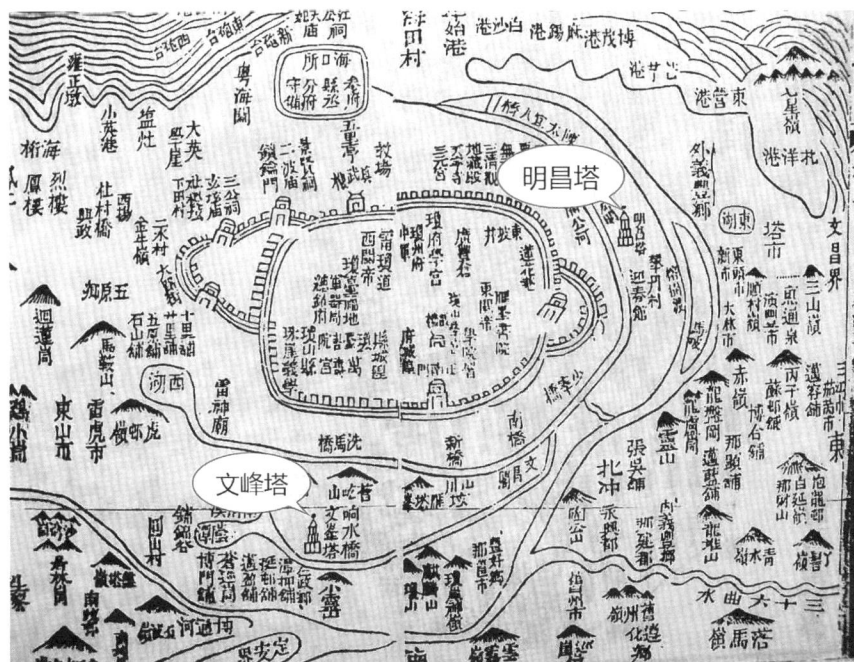

明昌塔与文峰塔古位置图

"王贽，字献甫，直隶新安人。康熙四十三年（1704年）领乡荐，任琼山令。才能果断，勇于兴作。捐俸修学宫，置祭器，建文峰塔、文昌祠以振文风，构茶亭以济行旅，始修邑乘，旁搜博采，纂述详明，治迹遗爱，至今不朽。""关必登，字揆端，南海举人，补琼山教谕。博洽经史，勤于启迪，诱进后学，文风蒸蒸日上。尤具史才，前令王贽纂修邑乘，傅其笔削，多所纠正。"县令与教谕也因"振文风，修邑乘"尽心尽力而被记入县志。

"杨宗秉，字远惑，绛州人，夙有才名，果于任事。乾隆二年（1737年）任惠来令，相度地势，开筑磁窑、马陇、阳冈湖等陂，灌田以千万计。尤留心学校，造就人才。八年（1743年）调琼山县。至则兴废举坠，缮城垣，修学校，储仓库，衙署寺塔无不修葺完善。县志自康熙间修后，板多残缺，宗秉悉心采访，检校成书，以存文献，至今赖之。"

文峰塔

"吕子班，字促英，江苏阳湖进士。雍容儒雅，和气蔼然。道光五年（1825年）初到任，即自出廉资数百元，邀观察与县举行乡试宾兴礼。整顿学校，厘正字体，讲究诗律。严防幕家，有幕宾为道署某戏酒，留连于家，卜昼卜夜，遂禀道辞之，限三日北渡。待士用体，拟作府书院，并拟修志，大有作养人才之意，可惜未久，以丁忧而去。"

以上名宦士绅善举，摘自县志。不厌其烦，辑录于此，与塔有关。

一座宝塔的兴建，凝结了不少前贤的心血，他们用发自内心的文化自觉，挑起振兴地方文教的责任。明昌塔与文峰塔的修建与重建，体现的不仅是文风振兴的坚守与追求，更重要的是人文蔚起的思想深入人心所形成的激荡琼州文明的亲和力与凝聚力。

王廷傅与《文峰塔歌》

王廷傅是琼台历史名贤，自小聪明颖异，秉承庭训，工于吟咏，弱冠岁试进县学，科试第一，才名日起，观察周鸣銮重其才，延请入署教子，谈道论学，相得甚欢。王廷傅于道光年间选拔京试，但他无意仕进，归家乐于垅亩，建知稼轩，读书课子于其间。

轩有八景——秋畴早稼、冬圃寒蔬、水田鹭影、夜雨蛙声、岚光排闼、竹荫环亭、方塘印月、古堞霞标，一时唱和，传为韵事。王廷傅作有《文峰塔歌》感叹文运，同时也留下了"东望明昌岿然在，南望文峰嗟已倾。人才原自关地运，何由磊落成群英"的史实。

明昌塔修建的历史背景

《文峰塔歌》

南溟奇甸开文明，象应离明炳史星。

地灵自贵钟人杰，莫疑坤道终无成。

吾琼南海一海岛，五指山高空中撑。

支分黎母生白石，地势蜿蜒千里行。

西北突兀峙双峰，忽落平原来郡城。

东望明昌岿然在，南望文峰嗟已倾。

人才原自关地运，何由磊落成群英。

郡伯贾公谋创建，太令王君实经营。

七级浮图半空起，干霄气象何峥嵘。

雕鹗九天摩霄汉，鲲鹏万里抟云程。

秋月果然多攀桂，春明自此始登瀛。

贤哉守令古循良，能将地脉培沧溟。

从此重修后先应，继起杨吴与吕彭。

吾闻儒者不道堪舆说，飞鸟撼龙伪图经。

徒信方向夸形胜，坐俟不与时命争。

来尽人事听天数，谴化亦难昭炳麟。

溯自一画开天后，乾坤定位清以宁。

岂真天地留缺陷，娲皇炼石补成形。

移山跨海皆寓言，孰见石破天亦惊。

讵知仰观与俯察，天文地理非杳冥。

卜筑前人占名胜，阴阳默相流泉清。

丕弼崇基广培植，振兴学校教育宏。

处惟穷经考娥术，出则扢雅歌鹿鸣。

莫谓予言罔征信，曷不往代相盱衡。

君不见慈恩塔留题名，千载犹传娃氏馨，又不见起东塔闻乐声，庠序储材多名卿。

文运脣关一朝重，群才蔚萃（荟萃）宏汉京，相得益彰前后增光荣。

明昌塔"回百川澜"

唐代文学家韩愈书《进学解》一文，其中有"寻坠绪之茫茫，独旁搜而远绍。障百川而东之，回狂澜于既倒"之句。明昌塔之建也，夕阳西下，塔影沉江，正好截断河口河江流，故时人借"障白川而东之，回狂澜于既倒"概括为"回百川澜"，即"阻波回澜"之意。

兴建明昌塔的初衷，《万历琼州府志》说得很清楚："堪舆家尝谓琼郡艮方，少尖峰秀气。万历年间，知府涂文奎、给事许子伟及乡士夫协议创建，以为郡治左文笔峰关镇博冲、大江、水口及回百川朝宗之澜，亦名艮塔。"在风水学上，"艮"代表山，所谓"艮塔"即明昌塔像一座山一样，镇立水口"回百川澜"，以达到藏风藏水、阴阳平衡的目的。

从这个意义上讲，好像这是封建迷信，但从优境学上来讲，则是消除不良环境的因素影响，创造良好的发展环境。知府涂文奎、给事许子伟及乡士夫认为，协议创建明昌塔，以积极的作为，以达到"回百川澜"的目的，使之客观上起到"振兴海

明昌塔夜景

南文风"的作用。

　　文化激励的积极意义在于激活士子的文化心理，增强文化信心，使之奋发努力，以取得预期效果。当然，美好的愿望不一定都切合实际，就像期望"北冲河口塞，五解状元生"是不合常理的一样。古人慨叹"百川东到海，何时复西归？"，时贤何尝不明白这一道理。

　　现实主义诗人白居易有《浔阳春三首·春去》，其中一首云："一从泽畔为迁客，两度江头送暮春。白发更添今日鬓，青衫不改去年身。百川未有回流水，一老终无却少人。四十六时三月尽，送春争得不殷勤。"睿智如他也慨叹白发添鬓，青衫不改，百川未回。

天下之河，莫不如此。河口河，流过天地玄黄，流过宇宙洪荒，倒映过明昌塔倩影，也见证过日寇强拆宝刹，流到现今城市文明建设新时代，流到建设城市湿地公园的新时期。曾几何时，河口河已更名为美舍河，但更名也没有使这条府城的母亲河变得秀美宜人。现代化快速推进的同时也导致城市化的快速失序，以牺牲环境为代价的发展，致使河流严重淤堵，明昌塔环境也惨遭毁灭性摧残。历史车轮滚滚向前，太平盛世，古塔重光，生态修复使河口河"岸新水清地绿"，使城市更干净，百姓更宜居，美舍河两岸更美丽。

明昌塔修建的历史年代

修塔者为何不立碑记志

作为琼州第一塔，明昌塔的兴建曾轰动一时，影响深远。可是，遍查郡县史志，并未发现兴建明昌塔的碑刻，如此巍峨的历史建筑、重大的地方建树，修塔者为何不立碑记志？

不只今人发问，杨缵烈在《游大悲阁明昌塔记》中也发问，这是非常有趣的发问。

《游大悲阁明昌塔记》记载："按邑乘载，建塔为涂、许二公。考《府志》秩官一册，涂卒于琼任，继之者为李公多见，历吴公尚友、倪公冻，即为翁汝遇，皆不载历任年月。涂无传，李、翁二传不载建塔之事，当是载笔者简略，抑善政有在，塔固无关于轻重欤？"杨缵烈接着说："独怪许给谏传生平义举一一详记，何以竟无一语道及协力建塔一事？"

古塔兴建，从协议创建到实施竣工，历经数任知府而告成，若要立碑志庆，应是竣工登临之日。杨缵烈说："李公经营，复赖翁公而后合尖，则却无可疑。"古人视"立德，立功，立言"为三不朽，明昌塔从协议创建到实施竣工历时数年，后来又因地震倾圮，其间，许子伟厥功至伟。显而易见，一座古塔，从协议创建到立石肇基，及至落成，复遭地震倾毁倒塌重修，历时数十年，乃经多人笃力鼎建而成，若要树碑立传，真不知从何着手。幸好，现存的明昌塔残碑"臣许子伟稽首敬祝"，那是历史留下的珍贵的文化凭证。

明昌塔修建于万历哪年

明昌塔修建到底是在明万历年间的哪一年？是"万历三十八年（1610年）岁在庚戌季冬吉旦"，或是"万历二十五年（1597年）岁在丁酉孟冬月吉旦"？其间，历时十数年，经历多任知府、诸多贤达而告成，当时只是立有"某某鼎建"包括初建与复修的石刻。还有，那方仅存"万历四丙申肇基"七字的石刻，其"四"之上下皆模糊不可识，所说的是什么？明昌塔是幸运的，那天干地支纪年"丙申"暗藏玄机，揭示事实真相，蕴涵建塔日期，一点也不容许人们的怀疑。

据笔者考证，《游大悲阁明昌塔记》文中"四"字的上面应是"二十"二字，之后应是"年"字，即"万历二十四年丙申肇基"。万历丙申年即公元1596年。至于明昌塔落成的准确年份，"从协议创建到实施竣工，历经数任知府而告成"。

史载：万历三十三年（1605年）琼州大地震，时任琼州府

明昌塔修建的历史年代

明昌塔

同知（当时代理知府职权）吴篯向上峰呈交的《申文》有"达曙，徒跣奔祷于文庙、城隍庙、社稷坛及各神祠，则又见金碧威仪荡然渐败，而明昌塔且靳然如截矣"的记录。如果确实是"万历三十八年岁在庚戌季冬吉旦"由"琼州府知府翁汝遇、同知某、通判某、推官某鼎建（同知李鸣阳、通判佴梦骥、推官傅作霖）"，则不可能出现"明昌塔且靳然如截"的记录。将零散的历史文献汇集一起进行理性分析可以得出科学证据，"万历二十四年丙申肇基"是真实的。

至于"万历三十八年岁在庚戌季冬吉旦"，右刻"琼州府知府翁汝遇、同知某、通判某、推官某鼎建"，共 39 个字，应该是明昌塔地震倾圮后重建所立碑刻。正北一石年月与正南同。正西一石左记"万历二十五年岁在丁酉孟冬月吉旦"，右刻"琼州府知府李多见、同知某、通判某、推官某鼎建"，是初建竣工之日的碑刻。

"丙申"揭开历史迷雾

"丙申"是天干地支纪年的年号。

干支纪年是中国自古以来一直使用的纪年方法。干支，是天干和地支的总称。把干支顺序相配，正好六十为一周，周而复始，循环记录，这就是俗称的"干支表"。

天干，由"甲、乙、丙、丁、戊、己、庚、辛、壬、癸"10个符号组成；地支，由"子、丑、寅、卯、辰、巳、午、未、申、酉、戌、亥"12个符号组成。

干支纪年可对历史时间上推下推、顺推逆推，以至无穷。据说，干支纪年出自黄帝时代，通行于东汉以后。有人认为，中国在汉武帝以前已用干支纪年。其实，汉章帝元和二年（85 年），朝廷

明昌塔

明昌塔修建的历史年代

才下令在全国推行干支纪年。从此，干支纪年才逐渐固定下来，并一直延续至今，未再混乱。因此，便有了我们现在的历史年表。

查明神宗万历元年是癸酉年，即 1573 年。从癸酉年往下数至丙申年是 24，即万历二十四年，恰好是 1596 年。查阅历史年表，万历皇帝朱翊钧在庚申年（1620 年）去世，在位 48 年，是明代皇帝中在位最久的一位；对照"庚申"来推算，明昌塔于"丙申肇基"，那是真实准确年份。

琼州大地震中惨遭劫难

琼州大地震，中国地震史称之为"1605 年大地震"。

明万历三十三年五月廿八日亥时（1605 年 7 月 13 日午夜）发生在琼山境内的 7.5 级地震，是海南历史上有记载的危害最大的灾难、最严重的地震。震中位于东寨港内，地理坐标为北纬 20°0′和东经 110°30′，震源深约 22 千米。最远有感距离北至广西桂林和湖南临城，达 620 千米。最远破坏距离北至广西岑溪和广东台山，达 320~330 千米。

这是中国地震史上唯一的一次导致陆地陷没成海的大地震。地震极震区宏观烈度达 10 度，琼山县与文昌县（今文昌市）交界处发生大面积地面沉降，有数十个村庄沉陷海底（今东寨港海中仍有残存遗址）。琼山、文昌、澄迈、临高等县城公署、民房倒塌殆尽，府学、桥梁、庙宇、塔楼、坊表、圩岸等建筑物被毁，琼山府城死亡数千人，澄迈死亡数百人，文昌人畜有伤，

临高马袅盐场沉没于海底；定安民房、廨宇、坊表等崩坏大半；琼海屋坏、山崩，人被陷伤；广东徐闻书院崩废、城颓；广西陆川县城垣、民房崩塌，压死居民无数；广东海康、廉江、阳江和广西合浦、博白、岑溪等地均有不同程度的破坏。

《万历琼州府志·灾祥志》记载，时任琼州府同知（代理知府职权）、身历其境的吴钱用自己的良知如实汇报了这场大地震的惨烈。吴钱这样描述："初如奔牛之辗，继如风樯之颠，腾腾掣掣，若困盘涡，若遭拆轴，寝者魂惊，醒者魄散。须臾之顷，屋倒墙颓，幸存者裸体带伤而露立，横死者溢然碎骨如泥。"（《申文》）真切而准确。

吴钱也被坍塌的房屋覆压，幸而大难不死。他说："旋闻哭喊声喧传远近，始知城内外一时俱灾矣。少选，传城东门被流沙壅闭矣。达曙，徒跣奔祷于文庙、城隍庙、社稷坛及各神祠，则又见金碧威仪荡然渐败，而明昌塔且靳然如截矣。及查视东门内外一带，则裂坼十余处，而海口所裂陷最多，总总居民死者死，徙者徙，而人烟且渐绝矣。"（《申文》）

人类成长历史，从某种意义上说是与不幸和灾难抗争的历史。历史不会忘记，万历三十三年那场琼州大地震。1985 年 4 月，国家地震局、中国科学院地球物理研究所等 13 家单位在海口召开了"1605 年琼山地震学术讨论会"，几十位与会专家学者经过分析，比较倾向于琼州大地震震级为 7.5 级，震中烈度为 11 度，震源深度约 22 千米，基地震强度超过 1976 年的唐山大地震。

明昌塔修建的历史人物

夜望明昌塔

建塔者到底是知府涂文奎、给事许子伟，还是知府李多见、同知某、通判某、推官某，或是知府吴尚友、知府倪栋、知府翁汝遇？查阅时任知府，参照文人笔记，揭示修建的准确年代，彰显历史人物功勋，可以得知修建明昌塔者的历史贡献。

号称为"琼州第一塔"的明昌古塔可谓多灾多难，建成才几年就遭地震倾毁，后来许子伟牵头复建，呕心沥血，塔成而卒，可谓鞠躬尽瘁，死而后已。

从以上史实看，明昌塔由多任知府修建完成，非一人之功。

数任笃力　古塔落成

据《万历琼州府志》记载，万历初年，琼州知府是王可大，涂文奎是二十三年（1595 年）任，卒于官；李多见，二十五年（1597 年）任。如果杨缵烈《游大悲阁明昌塔记》所言"万历二十四年丙申肇基"，以及"正西一石，左记'万历二十五年岁在丁酉孟冬月吉旦'，右刻'琼州府知府李多见、同知某、通判某、推官某鼎建'"准确无误的话，那么明昌塔就是在李多见任上建成，而"知府涂文奎、给事许子伟及乡士夫协议创建"是客观事实。左记"万历三十八年岁在庚戌季冬吉旦"、右刻"琼州府知府翁汝遇、同知某、通判某、推官某鼎建"字样便是明证。至于"鼎建"，应为"重修"。吴尚友，二十八年（1600 年）任，可能是工程收尾。而倪栋，三十五年（1607 年）任；翁汝遇，浙江仁和人，进士，三十八年任，则是大地震后重修。

可以设想，如果没有李多见及同知某、通判某、推官某的努力兴建，古塔可能也只是停留在"协议创建"阶段而毫无进展。可惜的是，天灾人祸，宝塔受灾，因而才有后来翁汝遇、同知某、通判某的鼎建。也许，这就是历史，是一部人们意想不到的历史。

明昌塔修建的历史人物

附：《丝路遗迹三庙三塔 多少精彩海南故事》

西汉时期，就在张骞通西域，越葱岭，进而返长安之后，征伐南方的伏波将军路博德也"首开九郡"。于是，陆地和海上两条"丝绸之路"相继形成。从此，海南岛儋耳、珠崖二郡开始进入政治家、军事家、航海家的视野；特别是后伏波将军马援"复立珠崖"，史家誉之甚高。两位伏波将军"维护地方稳定，促进国家统一"，他们率楼船兵舰首闯南国海疆，开启海洋文明的古老航线，这一航线逐渐成了后来经济文化交流的黄金航道。

唐宋以来，这条黄金航道在东南沿海城乡遗留不少文化遗址；其中，海岛沿岸的"三庙""三塔"，一直在述说历代先贤闯海航海的人文故事。为此，笔者探访文化遗址，揭开鲜为人知的历史掌故。

西汉初年，经过休养生息，人口增加，经济发展，国力富足；及至汉武帝即位，西汉王朝进入鼎盛时期。这汉武帝，踌躇满志，雄心勃勃，北驱匈奴，贯通西域，文治武功，威震四海。这一时期，汉武帝派张骞通西域和调诸国，汉朝与西域经济文化频繁交往。

拓展边疆，西域正式归属中央政权。之后，又通西南夷，朝野瞩目；汉武帝下令，征伐南越。于是，前伏波将军路博德"饮马儋耳，焚舟琼山"，海南划入中央版图。到了东汉时期，后伏波将军马援率水陆两路大军"缘海而进，随山刊道千余里"，"复立珠崖"。

伏波庙

汉武帝用兵，前伏波征伐，楼船渡海，登陆海南，最早的航海路线是艨艟斗舰乘风破浪的作战航线。两伏波将军"开郡复县"，是最早开辟南海航线的历史功臣。对历史英雄的仰慕，世人同感。所以，不仅海南岛有两伏波将军庙，雷州半岛也有两伏波将军庙。

史书记载，大英山有一座伏波庙，当年村民称之为"海北伏波庙"。笔者初听这说法，心里好生纳闷：到底是怎么回事？是不是海南海北，张冠李戴，以讹传讹？还是果有其事？无独有偶，海口市美兰区白沙坊山旺村也有伏波庙，村民亦称为"海北伏波庙"，这和大英山村民的叫法一样。况且，两处伏波庙都祭祀"西汉邳离侯"及"东汉新息侯"两将军，所供是相同神祇。那么，位于海口的伏波庙为什么要冠以"海北"字样呢？

据称，并非伏波庙如此，位于海甸岛、新埠岛的关帝庙也被称为"海北庙"。原来，海北海南，一衣带水，地理相近，语言相似，习俗相同。在相当长的历史时期，海北海南属同一行政管理区域。比如，元代设置"海北海南道宣慰司""海北海南道肃政廉访司""海北海南博易提举司"，清代也设立"分巡雷琼兵备道"，统一行使雷州与海南的管辖权。

长期以来，海北海南，密不可分。不过，"海北"也确有伏波祠，当地人称之为"雷州伏波祠"，也有叫"徐闻伏波祠"。但海甸岛、新埠岛的村民则习惯称之为"海北伏波祠"。

宋苏东坡被贬昌化军，路经雷州。时人指示，"南北之济者，以伏波为指南"。苏东坡入乡随俗，拈香参拜，神色甚恭，

明昌塔修建的历史人物

雷州伏波祠

顺利渡海后，题写了《伏波将军庙碑记》。李纲与苏东坡有同样"顺渡"，因而亦亲笔书写《伏波将军庙碑记》，还撰文并书《伏波庙阴碑》。

海南两伏波庙建于宋代，"在郡城北六里龙岐村"。《正德琼台志》记："伏波庙，宋建，祀汉二伏波将军。"历代多有修葺。清康熙年间（1662—1722 年），分巡学道马逢皋重修并新立《新建汉两伏波将军庙记》。

民国四年（1915 年），朱为潮重修五公祠的时候，"（特地将）左侧之昭忠祠改为两伏波祠，祀汉之有功于琼之路、马两将军"。用朱为潮的话来说，就是"亦同此表彰前贤之意，尤令人钦仰不置"。纪念两伏波将军，不仅是因为前伏波路博德"首开九郡"，后伏波马援"复立珠崖"，更重要的是，他们率楼船兵舰，"首闯南国海疆，开启海洋文明"。

妈祖庙

明《正德琼台志》记载："天后庙，一在白沙门，一在海口所；元建，明洪武间屡葺。"《琼州府志》也有记载，明代，海南有天后宫12座。

从南宋绍兴二十六年（1156年）至清朝末年，朝廷对原籍福建莆田、原名林默的妈祖累累封赐，爵位从"夫人"至"天妃"到"天后"，成了至高无上的"海上女神"。然而，民间百姓仍以"妈祖"相称。宋人刘克庄说"灵妃一女子，瓣香起湄洲"（《白湖庙二十韵》），说明了这一史实及其肇始之地。

历史学家认为，海南岛不少先民大多是宋、元年间从福建莆田远迁而来的。当时，唯一的通道就是大海。先民离乡背井，跨越重洋，他们把妈祖作为祈求一路顺风的海上守护神，其香火袋或金身全程相伴，片刻不离。

平安着陆之后，安家落户之时，他们怀着一颗感恩之心，一如既往地虔诚膜拜。从此，妈祖成了他们在他乡的精神支柱和文化信仰，于是，便有了像海口白沙门和中山路天后宫这样祭祀妈祖的巍峨壮观的殿堂。

海口市白沙门有三座妈祖庙，一座在中村，建于元代；两座在上村，建于清初。海南解放前，白沙门全村不过40户400人，村民有的经商，有的捕鱼，是一个"繁荣褪去，遗迹尚留"的小村。村里除了十几户疍家人，其余的是闽南、粤东迁琼商人的后裔。

问起白沙门的过去，勾起了村民的回忆。村里的老人说，上村与中村之间原先连着一条小堤，相距大约300米；中村与

明昌塔修建的历史人物

下村之间横着一条小溪，相隔大约 50 米。村北是一条"大溪"，是以前商船"寄碇"和补充给养的航道，是官民往返于雷琼两岸的必经之道。

然而，那也是"海上丝绸之路"直达海口港的通道。那时，从村里到水巷口要坐三次船，过三道河。当年，红树茂密，沙白水清，野鸭成群，鸢飞鱼跃，环境幽静。后来，围海造田把河沟填平了，把红树林砍了……自然港湾变成喧嚣街市，同时也引发老人的感慨！

最令老人难以释怀的是白沙门的妈祖庙，其中上村那两座规模最大：一座建于乾隆二十年（1755 年），已被夷为平地；另一座建于乾隆四十三年（1778 年），也已殿堂倾毁。现在仅存的中村妈祖庙，是三座之中最小的一座，也是历史最久的一座。

中村妈祖庙也叫"众庙"，意思是众人捐建的庙。远远望去，庙宇屋脊，檐角高翘，雕龙盘踞，模样古老。庙的前方，有一戏台，台边有高大枇杷树——这是海口古庙极为常见的格局。的确，庙宇已年代久远，四根圆柱撑着古庙的前廊，给人一种恍若隔世的感觉。

古庙前墙，四根石柱支起一大二小的前门。大门正中牌匾书有"天后宫"三个大字，右边落款有"闽粤"两个小字。这是元代福建、广东两省迁居白沙门众商集资共建的古庙。石梁上镌刻着"海晏河清"的熟语，两幅"八仙过海"的壁画，那是岁月沧桑的印记。

老人说，当年妈祖庙的门口，就是商船停泊的港口。700 多年过去了，不知有多少人从这个门口进进出出。在科技落后的年代，面对变幻无常的大海，人的力量是渺小的。怒海行舟，

与风浪打交道，需要一种精神支撑。

庙里有一方"慈云广被"的牌匾，是道光年间广东水师提督吴元猷所敬赠。吴据守虎门要塞，出入风波，身经百战，屡建奇功。有一次海难，吴元猷惊呼妈祖，获救后来白沙门天后宫朝拜，赠送这块黑底金字的牌匾。

这种妈祖崇拜，说到底就是对安全航海的期待。正是这种情怀使众商集资建庙，和衷共济，共谋发展。大家集资，多方募捐，代表共同意愿。文献记载："乾隆十一年（1746年），陈国安复募建庙前铺屋10间，岁收租银以供香火，迄今官民渡海往来必告庙雩祀之。"

也许，探访白沙门妈祖庙，所探访的就是滨海城市的发展史。这座小庙，它属于海口市白沙门，它属于海洋贸易商人，是"海上丝绸之路"避风、补给、中转的重要节点。

西天庙

西天庙，又叫西天大士庙。《琼州府志》记载："西天大士庙在海口所城西二里许，祀王佐。"所城建于明初，周长不过"五百五十五丈"，规模并不大，而西天庙的规模却不小，殿堂壮观，庙宇巍峨。

是谁在所城旁边建造这座气势恢宏、工程浩大的庙宇呢？这庙祀的王佐并不是海口人，为什么却被市民尊为"西天大士"呢？要破解这一疑问，剖析这一俚俗，必须深入了解西天庙，深入了解市民，深入了解王佐。

这座庙建于明代隆庆年间（1567—1572年），占地面积

明昌塔修建的历史人物

1000多平方米，格局不小。庙宇砖木结构，单式斗拱，两进三厢，中有拜亭；雕梁画栋，工艺精致，木刻绘画，栩栩如生。正门石刻"西天庙"凸字横匾，出自清代琼籍探花、著名书法家张岳崧之手，实属罕见。

王佐，字汝学，生于明宣德三年（1428年）。他天资聪颖，20岁入太学读书，"学冠两监"，得业师称许，受国老器重。尔后，王佐任福建邵武同知、福建乡试考官、江西临江同知，始终清正廉明，"行道惠民"，"所居民爱，所去民思"，被黎民立祠纪念。

王佐政声卓著，为官20余载，一生手不释卷，著述甚丰，代表作是《鸡肋集》和《琼台外纪》。

在《琼台外纪》中，王佐关心民瘼，念念不忘"琼台郡事"，致力研究海南历史，研究海岛民生，研究海洋气象，特别是潜心研究天文历算法，精确推算潮汐周期，对海南潮汐变化做出了经验总结。

《琼台外纪》称："琼州居海中，东西九百七十里，南北九百七十五里。自徐闻渡海，半日可至。琼为都会，居岛之北……外匝大海，接乌里苏吉浪之州；南则占城，西则真腊、交阯，东则千里长沙（西沙群岛），万里石塘（南沙群岛），北接雷州府徐闻县。"讲了外海航道，接着讲本岛——东至万州，南至小洞天，西至儋州洋浦，东南到陵水，西南到感恩，东北至文昌，西北至临高的里程，特别提到琼州至京师九千七百一十五里。

《琼台外纪》还提到："朝曰潮，夕曰汐，统谓之潮。潮汐往来，为天地至信。琼州潮与江浙、钦廉之潮与不同，其地势

异也。郡（琼州）与徐闻对境，两岸相夹，故潮涨则西流，消则东流。日有消有涨，常也。其势独大，每日两有消涨者，其变也。"

王佐指出："琼海东南之港，朔望前后潮大，上下弦前后潮小，二至前后潮小，二分前后潮小，夏至潮大于昼，冬至潮大于夜。又云：'晴则望南面吼，阴则望北面吼。'"早在明代，王佐就指出琼州海峡"潮流有涨潮东流和西流、浇潮东流与西流四种流态"。

王佐对琼州海峡潮汐变化的探究，与今天科学测定的海洋潮汐高度吻合。因为，海流受琼州海峡往复型潮流的控制，在涨潮时中水位以上的为东流，中水位以下的为西流。冬季余流向西，夏季余流向东……他研究海洋气象变化，为过往商旅提供了渡海指南。

唯其如此，王佐被过往商旅奉为神明，被市民敬为"公祖爸"，尊为"西天大士"。与其说市民祭祀王佐，毋宁说是祭祀海上航线，祭祀海洋航运。因为明代海口海运发达，港口勃兴，商贸繁荣。

斗柄塔

文昌斗柄塔是过往七洲洋的远海航行者心目中的宝塔。斗柄塔建于明天启五年（1625 年），作为独特的人文景观和珍贵的文化遗产，它不仅是海南建筑艺术瑰宝，而且是远洋航海标志。

斗柄塔，位于文昌市七星岭最高峰。顾名思义，"七星排斗"，意思是此乃"指极之星"。此塔之建，天上北斗，地下七

斗柄塔

星，珠联璧合。于是，有人称为风水塔、景观塔、镇妖塔……一塔多义，盎然多趣。但是，在航海家眼里，在广大渔民心目中，它是指点迷津的标志。

史载，创议建塔者，乃明代礼部尚书王弘诲。其时，王弘诲致仕在乡，他会同文昌乡贤，致书朝廷，恳请拨款，居然奏效，斗柄塔成了有史以来海南唯一一座由朝廷拨款修建的古塔。让朝廷同意拨款修建古塔，王弘诲肯定找出了充分理由，因为没有看到王弘诲的奏章，不好妄加推测，但在风水盛行的明代，以建塔镇妖为理由，不失为比较有说服力的借口。

以王氏而言，他非常了解横亘于海岛与内陆之间的琼州海峡。在航运落后时代，每次跨越海峡无疑都是一回生死炼狱。嘉靖三十六年（1557 年），一场海难使王弘诲终生难忘。那一次，数百儒生葬身海上，护送的官员——临高知县杨时连同县印也一同覆没。对此，王弘诲发出了"天下儒生之远而苦者，未有如琼之甚者悲矣"的慨叹，因此在后来向万历皇帝呈递了《奏改海南兵备道兼提学疏》。

其实，称斗柄塔为标志塔，更合实际。海天之间，突显一塔，不是标识，还是何物？何况此塔乃海南海拔最高、视野最宽、塔体最大、修建最难的海边古塔。

作为标志塔的所在地，铺前港是海南开发较早的渔港与商埠，在海岛航运史上具有重要地位。《正德琼台志》记载："铺前港，在文昌县北一百五十里迈犊都……为商舟航集处。"为护卫航船，明朝曾于此设水军营寨……看来，在"商舟航集处"建标志塔很有必要。

明昌塔

明昌塔，全称"下窑明昌塔"，层高七级，气势雄伟，是明代府城著名景观之一。

提起明昌塔，不得不提曾经是府城水上大动脉的河口河。这条绕过府城东门流经白沙、海甸二村才注入南渡江的河流，它对琼州府治的形成与开发曾起过历史性的决定作用。下窑村，就位于河口河的下游河滩，即今天的美舍河与国兴大道交界处的地方。

北宋开宝四年（971年），琼州府治从旧治旧州迁至新址新城。如果不是由于南渡江从河口村分出支流舍城水，琼州府治不可能迁至府城。所以，完全可以这么说，府城之所以成了当年海南岛的政治、经济、文化中心，是因为南渡江与河口河的千秋德泽，万代滋润。

北宋初年，府治搬迁，河面开阔，河道通畅，航船往来，热闹繁忙。远处，琼州府治衙门檐牙高啄，周边房舍鳞次栉比；

明昌塔修建的历史人物

近处，河口河岸，林木丛生，河中风帆高张，"海上丝绸之路"的货船直达城下。

明代是琼州发展史上的黄金时期，明太祖朱元璋升琼州为府，誉之为"南溟奇甸"，统领崖、儋、万 3 州，筑海口所城。同时，扩建州治，拓宽道路，开挖壕沟，引水绕城，形成"七井八巷十三街"的布局……府城成了"琼台福地"，下窑村民见证了历史变迁。

下窑得天时地利。有舟楫之便，有肥美良田，有辽阔河滩，傍近府城，市井繁华；所以，小村富甲一方，既是鱼米之乡，又是砖瓦之乡。除了春耕夏耘，农业劳作之外，还经营"窑灶"。河运便利，生产砖瓦，"下窑"作业，成了村民发家致富的传统技艺。

《民国琼山县志》载，明万历年间，知府涂文奎、给事许子伟为振兴海南文风，在下窑村修建明昌塔，增设敬事堂、文昌阁、关帝庙。后来，僧人一沥募集资金，建大悲阁于塔旁，供奉大慈大悲的千手观音菩萨。

因此一举，府城多了一处人文景观。该塔七层八角，是明代琼北地区最高的宝塔。塔体雄伟，卓

夜望明昌塔

然独立，直指苍穹。民间传说，五月初五，塔顶佛光四射，海上历历可见，仿佛导航灯塔。的确，远海近港，周边航船，也都以此塔为航标，社区"塔光"一名就由此而来。

然而，明昌塔的标志性作用竟为其招来毁灭性的拆除之灾。那是1939年春，日军登陆海口，并在大英山修建机场，以延长其对中国抗战的重要补给线——滇缅公路的空中打击。与此同时，盟军飞机也对侵琼日军战略基地——大英山机场进行猛烈轰炸。

明昌塔距白沙港不过数百米，与大英山机场相距也不过千余米。自然而然，这座塔成了盟军飞机袭击大英山机场的重要标志。对此，驻琼日军恐慌万状，立即派兵强行拆塔。当拆到第四层，发现塔肚内蜷缩着两条大蟒蛇，惊惧之余，匆忙撤走，宝塔残留半截。

至日本投降，残存的塔体也没有修复，半截明昌塔一直保存到1958年"大跃进"时期，当地群众拆塔取砖建猪舍，发现塔基有铜鼎一尊、残碑一块，碑文镌有"臣许子伟稽头敬祝"的字样。

汀洲塔

如果说明昌塔有标志性作用，斗柄塔原本就为远洋导航而兴建，那么，汀洲塔却是歪打正着，它的导航功效及其在国际海运界的重要声望和显要作用就更为突出。

汀洲塔坐落在琼海市汀洲，耸立于万泉河出海口，距三江汇流的博鳌港仅一箭之地。汀洲，古称瀛州。古人浮海而来，

在烟波微茫中看见绿树青山、斜阳古塔、渔舍炊烟，欢喜之余，疑是海客所谈的瀛洲，因而赋予这方土地传奇名字。

汀洲三面临江，春水荡漾。从这溯流上乐城，顺流下卜敖（博鳌），扯满风帆，顷刻便到；若取旱道，就是神行太保，也得从日出走到日落。于是，注定这方水域必须以舟代步。得河道之便，上游的河心岛"乐城"，成了元代乐会县治所在地。

相传，汀洲塔建于元代。汀洲人世代与船结缘，三口五口之家，家家都有帆船、舢板，人人都会使篙弄桨。人们探亲访友，赶集赴会，走南闯北，都离不开船。卜敖港扼万泉河出海口，汀洲是内港，是进出乐城的咽喉之地。两处人烟云集，港口帆樯森立，来来往往多是远洋近海船只。

汀洲塔，七层八角，屹立于塔岭之上，遥对海天；明清两代，多次重修。

"古塔晨曦"曾被誉为乐邑最美景致，吸引不少僧众登高远望。然而，泊船江浒，听舟子夜唱，笛声悠扬，看晓星残月，塔影沉江，更有情调。后来，塔顶置灯，为船只导航，使镇妖避邪、保民平安的古塔变为指点迷津、普渡众生的航标，乃建塔者始所未料。

民国初年，汀洲塔遭受雷击，崩塌一层，幸好塔体尚存。可惜，20世纪60年代，古塔被当作"四旧"建筑彻底拆毁。

由此可见，汀洲塔对南海航运非同小可，它的导航指向具有极为重要的标志作用。

可以肯定的是，清末民初琼海华侨"下南洋"，很多人是从博鳌、潭门乘坐帆船，漂洋过海，前往新加坡、马来西亚的。

——原载《海南日报》，有改动

郡县史志　铭记英贤

郡县史志关于明昌塔的记载，首功当推许子伟。许子伟（1555—1613年），号南甸，琼山府城（今属海口市琼山区府城街道北胜街）人。14岁丧父，由庶母任氏守节教养。幼年受丘濬、海瑞影响，刻苦力学。明隆庆四年（1570年），海瑞罢官回乡，他登门拜海瑞为师。万历十四年（1586年），许子伟考中进士，授行人司行人。十五年（1587年），海瑞病逝于南京，子伟奉旨护送海瑞灵柩回琼安葬并守墓3年。十七年（1589年）擢升兵部左给事中。二十年（1592年）任吏部右给事中。翌年，子伟念母老请假省亲。期满，起补户部右给事中。他先后在兵、吏、户三部履职，忠贞廉洁，骨鲠如铁，在谏臣中资望很高。在京期间，与琼籍官员捐俸集资，创建琼州会馆，为进京赴考的琼籍学子和来往琼人提供方便。时神宗皇帝日趋昏庸腐化，纵情酒色，朝政废弛。因上疏弹劾权贵，廷言忤旨，被贬谪铜仁府（今属贵州省境内）。

不久，子伟弃官归琼养母，不复出仕。居琼之后，"热心造福桑梓，凡乡里衣食或婚丧方面困难者，多所赈给；朝廷科派数额过重，上书力言，得减其数；倭寇、海盗常劫掠琼州沿海一带，多次上书朝廷派兵驱除，百姓得以安宁。荐举人才，助人成事，从不收礼。先后创办儋耳义学、琼山敦仁书馆，掌教文昌玉阳书院，为王弘诲所建尚友书院以及会同学田、万州新建儒学等作《记》。卒谥'忠直'"。时贤评其"文章则宗丘深庵（濬），理学则师陈白沙（献章），气质则效海刚峰（瑞）"。

明昌塔修建的历史人物

许子伟塑像

著有《广易通》《警觉语》《文编吟草》《敦仁编》等，后人辑有《许忠直集》。

以上系县志所记许子伟生平事迹，但未提建塔一语。

至于"按邑乘载，建塔为涂、许二公"，及"琼州府知府李多见、同知某、通判某、推官某鼎建"，查《民国琼山县志·官师志》：涂文奎，琼州知府，江西南昌人，无传；李多见，福建仙游人，二十五年（1597年）到任，有传（同知某为李鸣阳，通判某为佴梦骦，推官某为傅作霖）；后面是吴尚友，江西湖口人，无传；倪栋，浙江上虞人，名宦；翁汝遇，浙江仁和人，有传。

《民国琼山县志·官师志》对李多见记述较详："李多见，福建仙游人。万历中，以文选郎中擢守琼州，重学校，严吏胥，民有讼者，论以曲直，不事敲扑。二十七年（1599年），黎马矢乱，多见申文誓众，讨贼止擒首恶，不许妄杀。招募义兵，亲诣督战，竟获马矢。凯旋后，请立水会所，设官兵守御。以母老乞休，士民恳留不可得。束装之日，惟图书数箧，父老遮送赠金，不受。北渡至海安，箧中检得沉香，立焚之。琼人为建'毁香亭'，并建生祠，颜曰'忠孝清高'。著有《周礼纪略》《楚游》《学源小学》等书。祀名宦。"

《民国琼山县志·官师志》记载："倪栋，上虞人，历知抚州、淮安、荆州、琼州四府，有当官称。琼州濒海，有港可田，募民兴筑，得田千亩，官司其佃，以其半赡诸生膏火，以其半

储之备荒仓，嗣后遇禄岁，民赖以无忧。阮《通志》祀名宦。"

县志对翁汝遇的记述较简："翁汝遇，浙江仁和进士。万历三十七年（1609年），知府事，兴利厘弊，施药赈贫，训课士子，安集流离，建桥梁以免厉揭，谨烽堠而亲守望，旱祷格天，抚黎向化。四十一年（1613年），调河南卫辉府，去任。《贯志》祀名宦。"

尚义捐施 捐置塔产

中华文化儒家思想体系的理论核心是"仁、义、礼、智、信"。仁，即仁爱，即仁以处人，有序和谐是儒家思想核心之核心。义者，宜也，即行为适合于"礼"。孔子以"义"作为评判人们的思想、行为的道德原则。孟子说："君子所以异于人者，以其存心也。君子以仁存心，以礼存心。仁者爱人，有礼者敬人。爱人者，人恒爱之；敬人者，人恒敬之。"（《孟子·离娄》）

受传统思想熏陶，文化官员主张"尚义捐施"并身体力行，查历代史志人物志，大多设有"忠义""笃行""卓行""孝义"等条目。《民国琼山县志》记载：明成化辛卯（1471年），时任广东按察副使的涂棐奉敕来琼整顿兵备，"政肃风清，百蠹以消，百废以举，民用安辑。观于射圃，思辟而新之，不欲劳民，乃自措置……"。倪栋任上，看到"琼州濒海，有港可田，募民兴筑"，"官司其佃，以其半赡诸生膏火，以其半储之备荒仓，嗣后遇禄岁，民赖以无忧"。翁汝遇任琼州知府，"兴利厘弊，施药赈贫，训课士子，安集流离"，政绩卓著。

　　还有，丘濬的祖父丘普，性仁爱，"宣德甲寅（1434 年），郡大饥，白骨遍野，以第一水桥地置义塚，躬求全骸瘗之，封茔累累百余所，清明节必洒以酒醊饱"。唐英，博通经史，尝筑义学，教乡民子弟十余载，不计束脩，人号其居曰"东善外戚"。以许子伟来说，"创建琼州会馆于京师，乡绅羁旅称便；置义学于儋耳，开敦仁书院于郡中，建明昌塔以培文风"，此外，还为香火延续专门"置田一十五丁"以为明昌塔的塔产。

明昌塔祖师殿

类似善举，多不胜记。

琼州大地震明昌塔倾圮，时任琼州府同知的吴篯，在大地震中"琼民压死以千百计，篯躬自稽察得实，捐俸金埋葬之。震荡之后，百役并兴，调度有方，民不苦役。后以左迁去，众论惜之"。还有，康熙三十七年（1698年）琼州知府贾棠，"正己率属，决讼如流，济孤贫，岁饥捐赈，民赖以甦……捐俸修学宫，辑郡志，任琼九年，百废具举。"康熙四十四年（1705年）分巡雷琼道焦映汉，"创建琼台书院，宏敞完固，一切土木瓦砾工役之需，悉出捐俸，不假助援。复置义田，以供廪饩……诸生有艰于自给者，或省试无力者，亦得仰资岁租经继其不逮。"

史载：康熙年间重建文峰塔，贾公遂倡助重建，除各官绅捐金三百外，琼山知县王贽费六百金董其成，有碑记。乾隆十一年，知县杨宗秉修。三十八年复圮，绅士吴位和、杜攀能等重建。道光五年，郡守吕子班集邑绅捐修。

除此之外，《民国琼山县志》还记载有以下文字："后僧一沥募改建大悲阁。乾隆三年，僧法空重修。六年，郡守张秉义迁关帝庙于攀丹村之联璧坊。道光十六年，护道张塸春首倡官绅同修大悲阁。"

史志惜墨如金，寥寥几字，无法详尽了解士官乡绅商民尚义捐施、捐置塔产的详情，仅此简单记述，足以得知兴建明昌塔乃仁心义举。

由此可知，琼州民风淳厚，好善乐施，尚义捐施、捐置塔产，乃仁行义举之所致。

明昌塔修建的历史人物

吴镁的《申文》

《万历琼州府志·灾祥志》记载，时任琼州府同知（当时代理知府职权）吴镁的《申文》云："达曙，徒跣奔祷于文庙、城隍庙、社稷坛及各神祠，则又见金碧威仪荡然渐败，而明昌塔且靳然如截矣。"大地震造成严重的破坏，吴镁向朝廷上奏的《申文》，记述了万历三十三年琼州大地震中明昌塔倾圮的惨状。

《民国琼山县志·官师志》记载："吴镁，湖广澧州人，为府同知，廉公爱民，严于驭下，躬亲案牍，猾吏敛手。万历三十三年地震，琼民压死以千百计，镁躬自稽察得实，具《申文》上奏朝廷，详陈灾情，及时救助，捐俸金埋葬之。震荡之后，百役并兴，调度有方，民不苦役。后以左迁去，众论惜之。《贾志》祀名宦。"

如果不是吴镁的《申文》记下琼州大地震的灾难，我们无法知道当年的情景。吴镁的义举，坦坦荡荡，当官为民，义不容辞，故大义行处，慨然处之。"而明昌塔且靳然如截矣"的记载，告知我们灾难之中的概况，记录下历史的印迹。

附：《琼州大地震四百年祭》

2006 年 07 月 28 日《南方都市报》报道：30 年前的今天，一个铭刻在人类灾难史上的日子。一场地震毁灭了一座城市，夺去了 24 万多人的生命……大地震所造成的灭顶之灾至今仍令人

震颤。虽然唐山已从绝望中升起希望，虽然今日唐山已变得非常漂亮，但不管怎么变，都无法忘记那累累尸骨和惘然亡魂，都不能不发自内心地回顾灾难和反省生命。

说起唐山大地震，这里不得不提明万历三十三年（1605年）琼州大地震。不论是记载于郡志、族谱、家乘的沉痛记述，还是在海水中浸泡了400多年的72个海底村庄，种种不同方式在诉说那场惨绝人寰的历史灾难。别说400年无法遗忘，就是400万年也无法遗忘。

《民国琼山县志》记载："万历三十三年五月廿八亥时，也就是公元1605年7月13日午夜，县东北部发生大地震，声如雷……琼山受灾最为惨重，单琼州城内就有数千人被压死，官房、民舍、祠堂、城郭、坊表等倒塌殆尽，明昌塔倾颓，瑞云桥、迈容桥等崩毁，地裂沙水涌出，田地陷没者不可胜记，调塘等都田地沉成海千顷……"

这场琼州大地震，波及琼北地区琼山、澄迈、临高、文昌、定安、乐会等县，《万历琼州府志·灾祥志》记载了时任琼州府同知（当时代理知府职权）吴篯（jiǎn）的《申文》，身历其境的吴篯用自己的良知如实禀报了这场大地震的惨烈。

吴篯《申文》曰："窃照地震之变，考往载籍，代不乏闻。未有招扬摇簸，或划然而龟裂，或颓然而壁沉者；未有声鸣如雷，水沙从裂陷处上涌喷射，木石累累现在者；城池、庙宇、仓库、庐舍未有尽行倒塌，一望平地，以至巍然高棱凹陷而下仅露椽瓦者。人民覆压，未有一家老幼佥为齑粉，或数十口仅存二三口者；田地禾苗，未有高下迁移、沙石喷起至寸草不留者。即有之，或见于一时一处，未有积至浃旬，日甚一日，延

袤千里如一辙者。"

用吴筴的话来说，这场地震可谓见所未见，闻所未闻，前所未有，惊心动魄。

地震始于午夜，次日午时复大震，数日乃止。吴筴这样描述："初如奔牛之辗，继如风樯之颠，腾腾挚挚，若困盘涡，若遭拆轴，寝者魂惊，醒者魄散。须臾之顷，屋倒墙颓，幸存者裸体带伤而露立，横死者溘然碎骨如泥。"吴筴也被坍塌的房屋覆压，幸而大难不死。"旋闻哭喊声喧传远近，始知城内外一时俱灾矣。少选，传城东门被流沙壅闭矣。达曙，徒跣奔祷于文庙、城隍庙、社稷坛及各神祠，则又见金碧威仪荡然渐败，而明昌塔且新然如截矣。及查视东门内外一带，则裂坼十余处，而海口所裂陷最多，总总居民死者死，徒者徒，而人烟且渐绝矣。"

郡城如此，近郊如何？吴筴巡查各乡村，"则陵谷变迁，鸡犬寂寞，仳离死丧，父子茫然，而田之青青禾苗且为黄沙掩……尸骸枕藉，腥血熏沾，触目摧心，恸哭流涕。"

吴筴起初以为只是一地、一时所发生的灾难，"岂知东西州邑同是遭罹，颠倒死伤，处处大变。所以骇者，莫如烈楼都之雨血；所可伤者，莫如豵豕之攫人……"

面对疮痍满目、哀鸿遍野的地震灾难，一个小小的琼州府同知，这个代理知府行使职权的吴筴，表现出了一个正直官员忧民济弱的政治道德和人性善良。除了立即具文汇报之外，他"通行各处，令其将山河崩塞、倾倒死伤各处地址姓名、廨宇各数目造册具呈，以便转报。"

吴筴披肝沥胆，直言不讳，忠心可鉴。他说："职叨食国禄，谬承上委，代庖郡事，躬丁此咎，既蒿目以焦心，难袖手而缄口。谨陈招致之由，疾代呼天之救。"

这 400 多年前的一个替补官员的所作所为，与近年媒体报道过的矿难发生后那些不负责任的"官员"相比，愈显出吴

琼州大地震遗址

钱那颗怜悯之心的高贵。可惜的是，《琼州府志》虽然留下了这份宝贵的《申文》，但吴钱"造册具呈"所细列的具体数目却没有留下，特别是那些被灾难夺去的数千亡灵的姓氏名字……

人类的成长历史，也是与不幸和灾难抗争的历史。历史不会忘记，万历三十三年那场琼州大地震。1985 年 4 月，国家地震局、中国科学院地球物理研究所等 13 家单位在海口召开了"1605 年琼山地震学术讨论会"，几十位与会专家学者经过分析，比较倾向于琼州大地震震级为 7.5 级，震中烈度为 11 度，震源深度约 22 千米。

这是华南地区毁坏性最严重的大地震，也是中国地震史上唯一的一次导致陆地陷没成海的大地震。此次地震 4 度有感范围是北起南岭至湖南之临武，距琼山县城 600 余千米；6 度破坏范围是北至广西陆川博白、岭溪等地，距琼山县城 300 余千米；10 度重灾区是西抵临高，东南达文昌县城，南至琼山南部，北到文昌、琼山、澄迈、临高县境北部海滨；11 度巨灾区则是自琼山县城向西至澄迈老城东侧，向东至文昌县境北部与琼山县交界之铺前、罗豆一带，向东南至琼山县三江附近，向北至琼

明昌塔修建的历史人物

山县城北侧。

种种迹象表明，其地震强度超过 1976 年那场唐山大地震。

这场大地震震中位于琼山的演丰、三江、灵山一带，极震区波及琼山、文昌、澄迈、临高等县，主要长轴走向西起临高县，东到文昌县锦山镇，南至文昌县文城镇。地震所造成的陆陷成海百余平方千米，最大沉陷深度超过 10 米。当年地震学术讨论会期间，与会专家学者亲临地震现场，亲眼看到了地震灾难所留下的海底村庄。在上述地区郑氏、符氏、王氏、林氏、柳氏、陈氏、招氏等族谱中，均有大地震造成地陷村沉的相关记述。

我探访过位于演海曲口以北林市村附近海面的海底村庄遗址，那处陆陷成海的地震废圩，退潮时隐约可见断垣残壁、舂米石臼、石板棺材等等。据说，最南面有一座歪斜地躺在海底的石牌坊，上面"贞节坊"三个字清晰可辨……这些幸存的地震的遗迹，一直在述说那场惨烈的灾难。可是，有的旅游资料却把灾难推介成旅游观赏，说什么天朗气清之日，风平浪静之时，荡舟地震遗址，观赏海底村庄，有一种天高海阔、心旷神怡的感受……

对于这种所谓"心旷神怡"的"感受"的介绍，令人有如苍蝇入口般的难受。

我有时想，如果从普及地质学、地理学和考古学知识的角度出发，去探访地震遗址，触摸灾难历史，去对地震所造成的沧海桑田的灾变进行旅游考察、科学研究，或者从发自内心地回顾灾难、反省生命、尊重历史、反观环境以祭奠亡灵、珍爱现实的善愿出发，认识地震灾难，增强抗灾能力，这才有资格直面那处惨痛不堪的海底村庄。

直面创伤需要理智和尊严，追忆不幸更需要理智和尊严。只有这样，才能形成真正的防范意识。我想，时隔 30 年之后，全国媒体连篇累牍追忆唐山大地震，不是刻意追溯已经被人们遗忘了的灾难，而是因为灾难并不会因为对人类造成的不幸而洗心自新，也不会因为人们对危害的遗忘而不再故伎重演。同样，追忆万历三十三年琼州大地震，不是为了触摸灾难历史，而是因为全球环境恶化加剧，生态灾难有增无减，而在这种情况下遗忘灾难，难以真正对环境恶化的醒悟自省，因而也难以形成真正的防范意识。

——原载《古城琼山》，有改动

古塔控诉　日寇暴行

明昌塔，全称"下窑明昌塔"，位于河口河的下游河岸滩涂，即今天美舍河与国兴大道的交界之处。塔高七级，气势雄伟，巍然屹立，是明代府城著名景观之一。

明昌塔独立海疆，是明代琼北地区最高的宝塔。塔体雄伟，卓然独立，直指苍穹。民间传说，五月初五，塔顶佛光四射，海上历历可见，仿佛导航灯塔。今日的塔光社区，就是由此而得名。然而，明昌塔的标志性作用竟为其招来毁灭性的拆除之灾。1939 年春，日寇登陆海口，为延长其对中国抗战的重要补给线——滇缅公路的空中打击，在大英山修建机场。与此同时，盟军的飞机也对侵琼日军的战略基地——大英山机场进行猛烈轰炸。

明昌塔修建的历史人物

明昌塔与大英山机场相距不过千余米。自然而然，这座塔成了盟军飞机袭击大英山机场的重要标志。面对盟军的猛烈轰炸，驻琼日军恐慌万状，立即派兵强行拆塔。当拆到第四层时，发现塔肚内蜷缩着两条大蟒蛇，惊惧之余，匆忙撤走，宝塔残留半截。

日寇色厉内荏，强拆宝塔，践踏文明，只能激起琼州民众更加强烈的反抗，加快其覆灭的命运。日本投降后，残存的半截明昌塔一直保存到1958年，群众拆塔取砖建猪舍，发现塔基有铜鼎一尊、残碑一块，残存碑文镌有"臣许子伟稽头敬祝"的字样。

残存断碑是日寇践踏文明确凿的历史见证，它一直在控诉日寇的暴行。

日寇投降了，人民胜利了，历史还海口以一片晴空，迎接明昌塔重建。

迁大悲阁　香火延续

《万历琼州府志·卷四·建置志》"寺观附庵塔"篇记载："明昌塔……按塔原有捐入并给事置田共十五丁，塔地系徐崇文尚义捐施。"从府志记载来看，明昌塔建成之时并没有大悲阁。《民国琼山县志》记载："后僧一沥募改建大悲阁。乾隆三年，僧法空重修。六年，郡守张秉义迁关帝庙于攀丹村之联璧坊。道光十六年，护道张埇春首倡官绅同修大悲阁。"文中"后僧一沥募改建大悲阁"到底在何年，没有说明。

大悲阁前门

据《佛寺大悲阁迁址重建碑》记载：大悲阁原址位于美舍河边，与下洋村关帝庙隔河相望，为历代海内外人士所景仰。大悲阁原址占地面积90亩（1亩≈666.67平方米），主体建筑大悲阁庙宇，后面是明昌塔，还有石桥、石路以及附属园林、田亩等。明昌塔建于万历年间，系琼州进士许子伟督造。大悲阁殿堂藻饰精致、堂皇富丽，内供观音菩萨，造像端庄，金光闪闪。石桥造型精巧，上面镌刻佛语“阿弥陀佛”字样，跨越美舍河，延伸至关帝庙前。据介绍，日寇拆毁明昌塔后，1956年5月，堆放在经堂里的炸药意外爆炸，供奉大慈大悲观世音菩萨的大悲阁被夷为平地。尔后，虽有人提起重修，但由于特殊的历史原因无法如愿。1990年，孙邦逵等老先辈倡议重建大悲阁，当地民众积极响应。于是，善民踊跃捐款，信众纷纷回应，碑文记下了突出贡献者孙邦逵、孙厚光、文国材、倪怀何、王铭昭、孙邦辅、孙邦富等。

2002年，美舍河环境改造工程启动，大悲阁因妨碍拓宽河

道而被拆除，临时搭建简陋建筑供奉佛像。2007 年 10 月，简陋的大悲阁有碍于市容市貌，再次搬迁，移置至流芳桥左侧国兴街道派出所旁边、腾鹏大酒店的后面。重建的大悲阁一座三进，一排三个开间，气象庄严，藻饰雅致，美轮美奂。其中，包括庭院、前堂、拜亭、正殿、侧屋等配套完备的一系列建筑。前门大书"大悲阁"三个大字，门联为"鲤势涌出三尊地，龙气生成一洞天"。前后殿分别供奉千手观音菩萨、送子观音、弥勒菩萨和十八罗汉等，信众甚隆，香火鼎盛。

现在，大悲阁已成为海口市区众多信众赞誉较好的清净寺庙。平时大悲阁僧众不多，僧人师父也不一定在，但佛堂每天都敞开大门，可以进去拜佛上香，佛像旁边都是本地市民带过来的香、灯油，游客可以随意取香上香。不过，人们一般会自觉捐一点功德钱。每逢周日上午，阁内有放生活动，会有住持师父带领居士念佛放生，任何人都可以参加，虔诚庄重。

放生仪式完毕之后，主持仪式的居士会负责租车，带领善男信女到附近的水库放生。想去的人会自觉交一点钱，权当来回 1 个多小时的车费。佛经言："诸功德中，放生第一。"此举可领略放生的喜悦和心境的澄澈。如果不去可以在佛堂看关于佛理的书，感悟因缘果报，思考是非善恶，去恶向善。诚如《易经》所言："积善之家必有余庆，积不善之家必有余殃。"书可随取随阅，寺庙供应斋饭，觉得味道不错的，吃完可自愿随喜将斋饭钱投入厨房功德箱。

300 多市民联名上书

2017 年 12 月 21 日，海口市 300 多名居民联名致信市委、市政府，递交了《关于重建明昌塔，唤醒城市记忆，恢复历史遗迹的请求书》，市民情意恳切，希望重建明昌塔，与沿河而下的"石室仙踪"、五公祠、骑楼老街等历史记忆一起复兴美舍河文脉。"我们大家都会提供一些历史资料，为修复古迹尽一份绵薄之力。"作为世世代代家住在美舍河周边的老居民，徐中良对海口充满感情，海口的每一点变化和发展他都能感受到。他说，从小时起，老一代就与他们讲起明昌塔的历史故事，可明昌塔已不存在了，非常令人惋惜，但文脉不能断。

《关于重建明昌塔，唤醒城市记忆，恢复历史遗迹的请求书》说："市委、市政府正在大力开展城市更新工作，特别是美舍河景观提升工程的推进，迅速改变了海口的面貌，得到广大市民的高度赞誉。我们是住在美舍河周边的老居民，海口的变化和发展我们有目共睹，我们对海口有许多话要说。海口不仅是美丽的城市，更应是具有文化品味的城市。因为文化才是海口之魂！文化归根结底是靠保护、挖掘和修复。我们世代居住在此，从小时起，老一代就有与我们讲起明昌塔的辉煌故事，可现在已不存在了，文脉不能延续，非常令人惋惜。适逢市里正在全力推进美舍河提升工程之际，我们都有一个最强烈的心声，建议市委、市政府重视文脉的修复和古建筑的恢复——重建明昌塔！"

《关于重建明昌塔，唤醒城市记忆，恢复历史遗迹的请求

明昌塔修建的历史人物

书》还说："我们认为，市委、市政府应以修旧如旧为原则，重修明昌塔，恢复其古风古韵，彰显外在的古典特色，同时建议将大悲阁迁移至明昌塔旁，一塔一庙，相得益彰，打造美舍河文化景观，不断增强其文化展示功能，提升海口的城市品位。我们以及全城百姓将能够成为探寻古城历史、体验人文乡愁最重要受益者。如果有机会，我们会向你们提供一些历史资料，为修复古迹尽一份绵薄之力！"市民的历史记忆也是一座城市的历史记忆，市民的愿望也是一座城市的愿望。

看了这封几页纸上密密麻麻地盖满 300 多名市民的手印的情真意切的请求书，文化敬意油然而生。这是历史文化名城的普通市民热情洋溢的文化善愿，这是全国文明城市决策者承担责任的文化自觉与文化担当。

这是城市的文脉的梳理，更是城市文明的延续，是文明城市的文化责任与文化进取。琼州第一塔的重建，从一个侧面展现了文化名城海口的历史风貌、城市文明、城市气魄、城市灵魂，凸显了城市的文化软实力，这是海口向国际化城市迈进的不可阻挡的推动力。

古塔重现　风姿俊逸

明昌塔重建落成，四面围栏拆除，宝塔凌空，出类拔萃，附属建筑，飞檐翘角，气象森严，与新栽林木、新植花卉、新绽蓓蕾相映成趣，新型园林建筑惟妙惟肖，赏心悦目。

人们期盼已久的明昌塔建成开放，参观者络绎不绝，人涌如潮。相比之下，五公祠作为海南第一楼倒显得场面冷落，远远不及明昌塔的人气旺、场景热闹。

然而，不能完全归咎于人们喜新厌旧，总想率先一饱眼福，探究内在实质，满足好奇心理。其实，作为国家级重点文物保护单位，五公祠建筑年代久远，历史底蕴厚重，楼阁古色古香，人文遗存丰富，文化韵味悠长。而明昌塔亭台楼阁刚刚落成，尽管工艺相当精致，打磨修饰非常专精，但也难以遮掩精雕细刻所留下的斧痕凿迹。

但是，客观评价，新建的明昌塔不论是整体布局、规划设计、建筑施工、外观造型、内部构架、细部藻饰以至道路、园林、小品等，无一不美轮美奂，精巧绝伦，令人叹为观止。更何况这不仅仅是一处历史遗址凤凰涅槃浴火重生，也是远接文化名城的历史记忆、市民群体的文化期盼，是它作为"琼州第一塔"与"海南第一楼"一道，对城市人文价值的述说。

新落成的琼州第一塔与海南第一楼遥相呼应，与新迁建的

明昌塔倒影

明昌塔修建的历史人物

大悲阁隔河相望，它们是历史名城的一个文化整体，它们音声相和，同气相求，相得益彰，共同拓展历史文化景区。它们与新扩建的海南省图书馆、海南省博物馆以及海南省歌剧院等单位共同组成文化新区，与新整修的美舍河生态景观绿化带，共同彰显历史文化名城、全国文明城市的文化气度。

跨进大门，走进庭院，触目所见，似曾相识。这就是琼台福地的雄伟建筑，这比史书所记载的明昌古塔还要威武，还要气派。这是祖师殿，巍峨壮观；这是文昌阁，庄严肃穆。两殿处在左右檐廊的环抱之中，浑然一体，庭院宽阔，气象光洁，神态娴雅，迎迎客人。

穿越殿堂，直奔后院，宝塔耸立，巍然凌空。依然是七级浮屠，但依山造势多了一个气势非凡的塔基，宝刹立在塔基之上，傲然屹立，更显得雄伟挺拔。有步级可登，但更多的客人喜欢乘坐电梯，顷刻之间便可到达塔顶。如果杨缵烈得知，或许会感慨少了登临的雅趣。

不过，是逐级攀登，还是乘坐电梯，各随所好，悉听尊便。如果想对明昌塔的历史深刻认知，不妨放慢脚步，在祖师殿与文昌阁仔细看罢，再拾级而上，逐层观赏周边景致，那又是另一番情趣。每层都有门窗，有宽敞的环塔走廊，任游客随意盘桓，观赏城市景观。

从正门进入，先是一个方形的建筑，叫"敬事亭"，在这里整理衣服、修饰仪容，然后绕过步级直上，进入祖师殿——也叫先师殿。先师是谁，记不清了，不过没关系。然后两面是"庑殿"，即"东庑"与"西庑"。所谓"庑"，是一种防御性的设置。后世，宫廷外边更是加筑宫墙、宫城，然而"庑"作为

一种设置，一直被保存下来，而"东庑""西庑"就是正东、正西边。

无暇细看，第二层就是"文昌阁"了。这一层的建筑，底层特别高，有 6 根大柱就位于正前方，属斗拱结构，左边是楼梯，分 49 级，直上二楼。虽然"文昌爷"还没有即位，但气势却雄伟壮观。想一想，这个位置必定是很热闹的场所，否则何必如此大事张扬。

近观明昌，气势磅礴，推门登塔，心情澎湃。逐级登高，喜无自胜。我们没有乘坐电梯登临，而是拾级而上。第一级有 32 个台阶，第二级有 31 个台阶，逐级而减，盘旋直上，至顶端共 198 级。每一层都有一个东南方向的门，除了第七层，其他都是两个窗。

当年的艮位，如今已经高楼入云，并排而立，那是新耸立的城市水泥森林，任你极尽眼力，已看不到海上白帆点点、穿波逐浪。你如果想寻找当年诗人骚客歌吟的景致，对不起，早已不是四围青山，而是新崛起的摩天大楼。不过大可不必舍近求远，就看美舍河一枕清流、夹岸绿林、沿河房舍，看绿树丛中的海南第一楼与大悲阁，那就是一道亮丽风景。

古塔重现，风姿俊逸，最美景致还是夜登古塔，别有风趣。华灯初上，古塔放光，辉煌灿烂，分外瞩目。此时此刻，最好是站在远处眺望。这一刻的明昌塔全身透亮，通体洁净，光辉煊赫，好像是整个塔身披上了一件金黄色的袈裟，真可谓"庄严自身，令极殊绝"。

夜登古塔，别有一番情趣。拾级而上，登临绝顶，绕塔远眺，满城灯火，闪闪烁烁，国兴大道，车水马龙。偶然记起万

明昌塔修建的历史人物

历三十三年憨山大师夜里登楼眺望琼城，曾发出"景象萧条，似乎是一块没有人烟的地方，只有城西门附近，有一点点生气"的历史感慨。

今非昔比，万象更新，城市现代化使滨海新城脱胎换骨，今日海口早已换了人间。

明昌风物及附属建筑

明昌塔的地理形胜

明昌塔位于郡城北三里许下窑村前，塔高七层，登高远望，山明水秀，景观秀丽。

当年，明昌塔刚刚落成，踏着春晖，沐浴春光，兴致勃勃地登塔眺望并留下诗作的本土乡贤，首推王弘诲。那时，王弘诲眼底下的明昌塔所呈现出的是一幅奇甸风烟、茫茫海天。他看到，旷野天远，海鸥低回，风烟四合，云山雾海。北望五指山，云遮雾障；东望北斗七星，天边闪耀。昊天渺渺，龙楼迥然，沧海冥冥，蜃阁宏伟。他诗思如泉，讴歌故乡琼州，情不自禁地发出"千载明昌逢泰运，伫看南极会中台"（《登明昌塔》）的人生慨叹。

万历三十三年乙巳春，南华寺高僧憨山大师渡过琼州海峡，在海南岛访寻苏东坡留下的桄榔庵、白龙泉等遗迹，他想寻找

惠洪禅师的遗迹，却没有找到。当年，他寄宿明昌塔院。白天，他登明昌塔，看四围山水，草木葱茏，鲜花怒放，明昌塔好像是浮在香海上的孤傲独立的"梵幢"，像是大地上涌出的"青莲"，真是美不胜收。琼州这方土地这般神奇，明昌塔像是佛教圣地峰峦"灵鹫"，日升月落，乾坤浮沉，云霞明灭。

这是一方极乐世界：梵乐声声，花香阵阵，炉香乍爇，法界蒙熏。憨山大师不由感慨："琼海开龙藏，香幢出梵天。"（《明昌塔》）这方龙腾虎跃之地，这方宝塔高耸的"梵天"。

憨山大师说："月夜渡海，远望海南岛美丽风光，我觉得海南就像一个仙都，是神话传说中所说的'十洲'之一。"海南风物，明昌胜景，实在太美，也许是由此引起上天的嫉妒，一场大地震使刚刚落成的明昌塔轰然倒塌。是不是老天爷有预兆而借憨山大师的口说出，不得而知。但知憨山大师说："我在夜里登楼眺望琼州城"，看到"景象萧条，似乎是一块没有人烟的地方，只有城西门附近，有一点点生气"。惊觉之余，

明昌塔奠基石

大师对当地士子说："琼州城不久将有灾难，应该赶快诵经祈福。"可惜人们不当回事。

憨山大师还说："之后，我离开海南岛才半个月时间，琼州便发生大地震，东面城墙和城门一起塌陷，城里的官衙住房全部倒塌。明昌塔也倒了，将我曾住过的楼阁全部压碎。"

修复之后，明昌胜景再次显现，依然是珠崖形胜，依然是古塔嵯峨、丹宵浩歌，以至琼州第一塔之美使人不想东游泰山、南游衡山，只想"登南溟古塔绝顶之上头"，感受"海月晃漾，飒风飕飕，飘然欲飞"的感受。后来，僧一沥募建大悲阁于塔前，两座三楹，气象光洁，花木清幽，颇有静致，与明昌塔相辅相成，使之成为名副其实的"琼州第一塔"。

历史名城的文化善愿

历史文化名城的市民们坚信：人有善愿，天必从之；人有恶愿，天必毁之。

这是儒家传统文化善恶观，是相信"天道无亲，常与善人"的文化价值观。

大悲阁的捐建及一再搬迁重修，就是心怀善念、行善不图回报的善行坚守。

市民联名上书请求市委、市政府"重建明昌塔，唤醒城市记忆，恢复历史遗迹"是善行善举的文化延续，而市委、市政府鼎力支持则是历史名城文化善愿的具体表现。

文化善行得到琼山区旅游和文化体育局王武局长的证实：

2018 年 8 月 21 日，明昌塔重建项目专家论证会在北京召开，孙大章、业祖润、朱宇华等五位国家文物局古建专家，以及市民村民代表等出席会议，省文体厅派人参加。同时，书面征求了中国文物学会副会长、中国文物研究所总工程师付清远先生及中国文物信息咨询中心副总工程师王立平先生的意见。

王武局长介绍：这是一次富有建设性意义的论证会。在明昌塔重建工程项目专家论证会上，国家文物局专家组成员业祖润说："明昌塔字面包括政治清明、文化昌盛的含义，反映海口当时的社会状况。"到会专家一致认为，明昌塔传承海南历史文化，明昌塔重建工程不仅仅是在海南、海口，在国内甚至国际也会产生好的影响。今天的重建不仅是重拾海口城市历史、继续挖掘民族文化的记忆，也是见证海口这座历史名城在新时代呈现的文化内涵。

与会专家各抒己见，踊跃发言，气氛热烈。清华大学建筑学院教授、博士生导师贾珺认为，文明需要建筑等物质载体来呈现和延续，海口的明昌塔就是当地显著的文化地标。历史上明昌塔寄托了当地人对美好生活的向往；明昌塔具有灯塔的功能，充分展示了海口这座港口城市的特色；地处琼州海峡之滨，明昌塔还是景观塔，古代文人墨客时常登高远眺，在塔内设席饮酒，歌舞升平。"在条件成熟的条件下，应该对其进行重建。"

"通过文脉挖掘梳理，增加地区文化内涵及价值，充分发挥'文化+旅游'的优势，能够极大提升海口整体文化形象。"中国建筑设计研究院顾问总建筑师、国家文物局专家组成员孙大章说道。明昌塔重建是非常有必要的，因为海南的历史遗迹非常

明昌塔祖师殿

少，对一些群众乐见的名胜应该恢复起来。明昌塔是传承当地文化的 一个建筑物，海南历史上出了很多的名人，文化也很有特色，通过重建明昌塔可以继续传承这些文化，重现海口城市的文化气象。

王武局长总结道："这是一次非常成功的论证会。为充分发掘海口历史文脉，给市民和游客提供多处人文景观、自然景观交相辉映的休闲旅游景点，海口市领导采纳专家意见，明确了美舍河沿岸重要历史文脉发掘和修复的具体内容和时间表，开始了明昌塔的重建。"

这是历史名城的文化善愿，这是市民的文化善愿。2018 年12 月，经海口市委、市政府的批准，明昌塔重建项目顺利开工建设，成为 2018 年全省"12·28"重点集中开工项目之一。

明昌风物及附属建筑

河口河的历史风貌

河口河发源于羊山南部，全长 23.86 千米，经永兴、城西、府城、白龙等镇及街道，在和平桥东侧汇入海甸溪，至新港码头流进琼州海峡，流域面积 50.16 平方千米。

《琼山县志》载：宋代，河口河名为"龙潭水"（因源自玉龙潭）；明代，该水从府、县学宫前流过，故亦称"学前水"和"河口河"；清代，别称"潘公河"和"美舍河"。

其时，美舍河在府城东南河口村附近一分为二：一条流入南渡江（现已干涸）；另一条称"河口河"，流经府城东门、攀

河口河一段

丹、五公祠进入白龙、美舍、长堤等海口市东部城区。

因为这条河口河，因为这条黄金水道，使琼州府治从原来的旧州迁至府城。宋代，河道宽阔通畅，大量的海外货物通过"海上丝绸之路"的航船直达府城，直达琼州府治——当年的经济、文化中心，如今的米铺就是当年大米交易处。明代，知府张桓曾拓宽河床，加深水道，河流畅达。清代，道台潘思矩因势利导，新开河道，清淤引流，厥功甚伟，所开河道被百姓称为"潘公渠"。乾隆二十一年（1756 年），巡道德明筑"德公闸"，解决了"潘公渠半就半淤，灌溉无资，舟楫不通"的难题。自乾隆四十七年（1782 年）始，琼州府每年划拨 500 两白银为修河经费。到清代后期，河口河逐渐淤塞；至民国时期，河口河淤塞严重，已无法通航。

从"龙潭水"到"学前水"，从"河口河"到"美舍河"，那潺潺清泉已流溢千年，它在讲述明昌塔历史，讲述文明城市发展历程。近年来，海口生态市建设拉开了河道整治、河岸绿化、沿河带状公园建设的序幕，在市民的强烈要求和市委、市政府的大力支持下，明昌古塔重新修建，重现当年雄姿。在建成北起长堤路、南至府城中山桥，规划总面积 29 公顷的美舍河带状公园的基础上，近年来生态修复开始了以"河水净化，生态优化，城市美化"为目标的大整治。坚持"以人为本"的服务宗旨，结合现代建设"海绵城市"的设计理念，精心构思，合理布局，通过植物造景营造优美的滨河景观，营造亲民亲水理念，不断满足滨河两岸广大市民多层次、高品质的活动需求，琼州第一塔成了海口一道亮丽的风景。

明昌风物及附属建筑

明昌塔的附属建筑

明昌塔"傍有敬事堂、文昌阁、关帝庙",还有"置田一十五丁",以及后来"僧一沥募改建大悲阁"等等,富有传奇色彩,故事多多,令人眷恋。

当年的附属建筑敬事堂、文昌阁、关帝庙以及后来的大悲阁是什么样子,历史没有留下实物图片,也没有记下详细文字。明昌塔倒塌之后,附属建筑也荡然无存。但是,一个地区的相关建筑总有它的历史传承与文脉延续。顾名思义,回顾传统文化思想与琼北地区庙宇的现存建筑,可以有一个大体追寻的历史模式,笔者谨以笔力所及,简记于下。

敬事堂

作为附属建筑,敬事堂备受时人尊崇,但史志没有留下详细描述,当年的敬事堂是什么样子,不得而知。但从传统文化的范畴认知,所谓"敬"者,恭敬也,敬人与敬事也,是以礼待人、敬谨将事、敬畏人事、礼貌进献、虔诚供奉的意思。

《论语·子路》云:"居处恭,执事敬。"分开来说,"恭",侧重于外在的谦逊有礼;"敬",则侧重于内心的严肃敬重。总之,"敬"有敬奉、敬献、敬贺、敬告、敬颂、敬仰、敬慕、敬礼、敬赠、敬重、敬香、毕恭毕敬、敬若神明的意思。

"事"者,所有精神事件的统称。宇宙中的事都必须经历时段,所以都是精神事。事的概念外延,不仅包括人类之事,也包括动物事、植物事等生命体之事，还包括所有的非生命体之事。《说文》解释："事，职也。"《尔雅》云："事，勤也。"《左传·昭公二十五年》云："为政事庸力行务。"即"在君为政，在臣为事，忠于职守"。

文化传承与延续的力量是强大的，虽然没有看到

大悲阁前殿 弥勒佛

明代附于明昌塔的敬事堂，但从当前琼北地区庙宇的建筑格局来看，当年的敬事堂，其功能类似于今日大小庙宇前面的拜堂，即祭拜前做准备的厅堂。遍查今日琼北，没有看到以敬事堂命名的人文建筑。就是在网络上搜索，也没有介绍敬事堂的页面。由此推断，明代明昌塔的附属建筑敬事堂之设，应该是祭祀之前准备礼物或祭品以表示谢意或敬意的相关建筑，是供祭拜者准备祭仪与休息的场所。

明昌塔旁附建敬事堂，专门设置供祭拜者准备祭仪与休息的场所，极尽人文关怀。

文昌阁

与敬事堂一样，明昌塔的附属建筑文昌阁也已荡然无存。所不同的是，在今日海南的大小村寨中，文昌阁仍随处可见，而且香火鼎盛，信众甚多，文化影响力不小。

文昌阁供奉文昌帝君，也叫梓潼帝君，民间称之为"梓潼神"。古代星相家将之视为主大贵的吉星，道教则将其尊为主宰功名的禄位之神，又叫"文星"，也叫"禄星"。

从唐宋至明清，文昌帝君梓潼神屡屡受封，香火旺盛。唐代安史之乱，唐玄宗李隆基逃到四川，梓潼神被封为左丞相。后来，唐僖宗避内乱亦入蜀，也封梓潼神为济顺王。由于皇帝一再封赐，因而梓潼神备受士子顶礼膜拜，成了职司文武爵禄的神灵。

据历史记载，梓潼神是一个大孝子，原名张亚子，对母亲极其孝顺。《梓潼帝君化书》称：张亚子"生及冠，母病疽重，乃为吮之，并于中夜自割股肉烹而供，母病遂愈。

文昌阁

后值瘟疫流行，梦神授予《大洞仙经》并法箓，谓可治邪祛瘟，行之果验"。因此，梓潼帝君便成了民间称颂的慈祥孝亲的道德典范。

笔者曾谒拜龙华区龙桥镇千年古村道贡，看到一座红墙黄瓦、金碧辉煌的文昌帝君梓潼神庙，该庙与吴氏宗祠分庭抗礼，比肩而立。庙中供奉的就是道教神系中地位甚高的"梓潼帝君"，且位居"吴公帝君"之右，使之在山村诸神中处于至高无上的地位。

文昌帝君梓潼神庙正门，两条石柱顶天立地，显得十分气派。石柱正面镌有一副藏头对联，联曰："梓里地灵人才出众感帝德，潼年天赋学业超群戴君恩。"不难看出，这对联所言与人才及学业有关，与延陵望族相呼应。显而易见，以道贡为代表的海南乡村芸芸众生仍然"感帝德"，仍然"戴君恩"。这是一种朴素的文化信仰，这与知府涂文奎、给事许子伟为振兴海南文风的意愿不约而同，推料明昌塔旁的文昌阁大概也是这个样子。

关帝庙

与敬事堂、文昌阁一样，明昌塔的附属建筑关帝庙也已荡然无存。《民国琼山县志》记载："（乾隆）六年（1741年）郡守张秉义迁关帝庙于攀丹村之联璧坊。"搬迁到联璧坊的关帝庙也已不复存在。幸好今日海口关帝庙比比皆是，而且香火鼎盛，信众甚多，远远超过文昌阁。

中国传统文化认为做人最高标准是"圣人"，孔子为文圣

人，关羽是武圣人。

明嘉靖九年（1530 年），明世宗朱厚熜尊孔子为"至圣先师"，意思是孔子已达做人的最高境界，是世人学习的楷模。同时，明代也尊关羽为"关圣帝君"，此后关羽便成为官方认定的"武圣人"。明万历年间，西关内兴建关帝庙，外祀关羽，内奉菩提。据《西禅庵福田碑》记载，该庙历经修葺，香火鼎盛，清康熙二十九年（1690 年），信众曾集资购田产充当香火费用。所以，在明昌塔旁兴建关帝庙符合当时皇家意愿和社会公众意愿。

明代府城，一城灰瓦半城庙，数量之多、规模之大的要数关圣（帝）庙。

当年明昌塔旁的关帝庙虽香火鼎盛，备受尊崇，但史志没有实物图片，没有留下详细描述，具体情况不得而知。查史志，所书所记关帝庙有多处，大英山也是其中一处。虽没载入史书，

关帝庙

但庙貌巍峨、香火鼎盛，并拥有众多信众的，亦是随处可见。

《历代神仙通鉴》云："宋元祐（1086—1093年）中，哲宗召第三十代天师张继先祛除解州盐池之害。上问天师，所用何将？答曰：'臣所役者关羽也。'"可谓推波助澜。

从人到神，关羽成了勇武、忠义的化身，几乎兼备中国封建社会士大夫的全部美德。这种"以勇立功、以忠事主、以义待友"的行为，非常契合封建社会各阶层人士的心理。经宋元至明，已专设关侯庙，关羽独享庙祭；清代，改关侯庙为武圣庙，或关帝庙。

儒家尊称关羽为"文衡帝君"，列为五文昌之一，或称"关夫子"，并于常见的十八罗汉旁塑关羽像供奉。佛教以其显圣玉泉山，皈依佛教，称其为"护法爷""伽蓝神""盖天古佛"。而道教则独树一帜，谓关帝受命于玉皇大帝，封之为"关圣帝君"。

不仅儒、释、道尊之有加，而且历代皇帝也对其加封不断。蜀汉景耀三年（260年），关羽被谥为"壮缪侯"。北宋徽宗崇宁元年（1102年），封为"忠惠公"；大观二年（1108年），封为"武安王"；宣和五年（1123年），加封"义勇"。南宋高宗建炎二年（1128年），封为"壮缪义勇武安王"；孝宗淳熙十四年（1187年），加封"英济"。元代，关羽被加封为"显灵义勇武安英济王"。明神宗万历四十二年（1614年），关羽被封为"三界伏魔大帝神威远震天尊关圣帝君"。由此可见，在明昌塔旁兴建关帝庙不足为奇。

明昌塔人文遗存

《万历琼州府志》关于明昌塔的记载

《万历琼州府志》总裁是戴熺（万历三十五年进士）、欧阳灿（万历年间最后一任琼州知府）；时任副总裁的有同知李鸣阳、通判俘梦骝和推官傅作霖。此外，参订府志的还有儋州、万州、崖州、琼山、澄迈、临高、文昌、定安、会同、乐会、陵水、昌化、感恩 13 县知县以及校阅、供修、纂修、督刻吏等20 多人。该志大约修纂于明万历四十五年（1617 年），刊于万历末年。

《万历琼州府志·卷四·建置志》"寺观附庵塔"篇记载："明昌塔在郡城三里许下窑村前。堪舆家尝谓琼郡艮方，少尖峰秀气。万历年间，知府涂文奎、给事许子伟及乡士夫协议创建，以为郡治左文笔峰关镇博冲、大江、水口及回百川朝宗之澜，亦名艮塔。有七级。第一级匾其门曰'明昌'；第二级用洪武高明昌塔在郡城三里许下窑村前。堪舆家尝谓琼郡艮方，少尖峰秀气。万历年间，知府涂文奎、给事许子伟及乡士夫协议创建，以为郡治左文笔峰关镇博冲、大江、水口及回百川朝宗之澜，亦名艮塔。有七级。第一级扁其门曰『明昌』，第二级用洪武高皇帝赠海南玉音扁题目『南溟奇甸』，第三四以至七级各有扁题，顶上给事自制铁铭。乙巳地震倒塌，给事复建。方成，尚未完饰，随卒。侧有敬事堂、关王庙、文昌阁。按塔原有捐入并给事置田共十五丁，塔地系徐崇文尚义捐施。境内尚有丁村、张吴、东岸、苍驿、买榔、石山、雷虎等处塔，俱宋元时乡人私建，半废半存。

下窑明昌塔，在郡城北三里许下窑村前。明万历间，知府涂文奎、给事许子伟及乡士夫同建，傍有敬事堂、文昌阁、关帝庙，置田一十五丁。后僧一沥募改建大悲阁。乾隆三年，僧法空重修。六年，郡守张秉义迁关帝庙于攀丹村之联璧坊。道光十六年，护道张堳春首倡官绅同修大悲阁。《旧志》增

《民国琼州府志》关于明昌塔的记载

《万历琼山县志》关于明昌塔的记载

皇帝赠海南玉音匾题曰'南溟奇甸'，第三四至七级各有匾题，顶上给事自制铁铭。乙巳地震倒塌，给事复建。方成，尚未完饰，随卒。侧有敬事堂、关王庙、文昌阁。按塔原有捐入并给事置田共十五丁，塔地系徐崇文尚义捐施。境内尚有丁村、张吴、东岸、苍驿、买榔、石山、雷虎等处塔，俱宋元时乡人私建，半废半存。"以上是官方关于明昌塔的最早记载。

明昌塔人文遗存

郡县历代史志关于明昌塔的记载

历代郡县史志对明昌塔多有记载，但最早记载明昌塔"协议创建"历史的是上述成书于万历年间的《万历琼州府志》，其时距明昌塔肇基最迟仅24年，这是与明昌塔落成最接近的年月，应是权威的可以采信的史实。

接着是《康熙琼州府志》，但"寺观"条琼山境内关于古塔的记载缺页；稍后的《乾隆琼州府志》《道光琼州府志》的相关记载大同小异。

朱为潮主修的《民国琼山县志》载："下窑明昌塔，在郡城北三里许下窑村前。明万历间，知府涂文奎、给事许子伟及乡士夫同建，傍有敬事堂、文昌阁、关帝庙，置田一十五丁。后僧一沥募改建大悲阁。乾隆三年，僧法空重修。六年，郡守张秉义迁关帝庙于攀丹村之联璧坊。道光十六年，护道张埔春首倡官绅同修大悲阁。"

从万历末年到民国六年（1917年），时间过去了297年，从文中所记来看，"僧一沥募改建大悲阁"，应是乾隆三年之前，但是如何"募"如何"改建"，县志没有说明。及至"郡守张秉义迁关帝庙于攀丹村之联璧坊"，为何迁关帝庙，也不得而知。至于"道光十六年，护道张埔春首倡官绅同修大悲阁"，到底因何，同样无法知了。只是知道，2018年重修明昌塔前，大悲阁经一迁再迁，最后迁到在美舍河边腾鹏大酒店的后面，国兴街道派出所的旁边。

明昌塔遗存的历史文物

按乾隆年间杨缵烈的《游大悲阁明昌塔记》看，冯愧斋、丘衡之邀他游大悲阁，将抵塔，"仰视正南塔门，横嵌一石，镌'明昌塔'三大字，左记'万历三十八年岁在庚戌季冬吉旦'，右刻'琼州府知府翁汝遇、同知某、通判某、推官某鼎建'，共三十九字。正北一石年月与正南同。正西一石左记'万历二十五年岁在丁酉孟冬月吉旦'，右刻'琼州府知府李多见、同知某、通判某、推官某鼎建'，皆共三十九字。正东一石仅存'万历四丙申肇基'七字……"，随着宝塔倾圮，以上石刻早已寻无踪影。

游记所记"每级皆嵌横石，八方各有题识及姓名……第一行为'吏部左给事中臣许子伟拜字'十二字，第二行为'太祖高皇帝称南滇奇甸'十字……末一行为'龙飞万历二十七年己亥辛未月甲辰日镌'十七字"均已消失，仅存"臣许子伟稽首敬祝"半截残碑。

琼山区旅游和文化体育局王武局长告诉笔者，2018年明昌塔重建征集历史文物，春节期间一个不愿意透露名字的老人捐出了明昌塔内的一个将军头像。据老人说，当年大炼钢铁筑高炉时，群众锄地发现一些明昌塔遗存文物。老人母亲告诉他这些东西很宝贵，

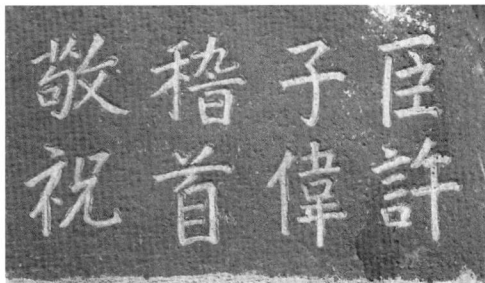

许子伟题颂 万历辛亥年（1611 年）

市民委托捐献的明昌塔遗迹陶俑头像

要好好保护。但群众锄地时佛像已被砸坏了，他悄悄用脚把佛像踢到草丛里，晚上偷偷捡回来保存好，一直珍藏到今天。看到明昌塔开始重建，他就捐了出来。老人说："我一直等待机会，交给你们我就放心了！"就这样，征集到的这件佛雕的头像成了明昌塔残存的重要文物。

此外，明昌塔残存的还有现存于大悲阁前檐下的万历十六年（1588年）时任兵备分巡海南道兼提督广东按察司副使蔡梦说题赠的"观文成化"石匾，以及"臣许子伟稽首敬祝"的半截残碑。王武局长说，得周边村民的支持，无偿捐赠了明昌塔原有文物12件。

文物流失不可复得，极其珍贵的"明昌塔"匾额已无法找到，"每级皆嵌横石，八方各有题识及姓名"的横石匾额也已无法找到，今人只是从文字记载中粗略了解。

蔡梦说题颂 万历辛亥年

5 位国兴街道市民捐赠的建筑砖头

历代文人墨客笔下的明昌塔

明昌塔，海南著名的人文建筑，建于万历年间，明人称之为"琼州第一塔"。

万历是明神宗年号，神宗在位长达 48 年，明昌塔建于哪年，志书语焉不详。今人也只是根据现存史料做考证，以期了解其中一隅。

明清以来，文人墨客，相伴登塔，歌赋吟咏，相互唱酬，诗作不少。这些诗作从不同侧面给明昌塔留下了历史影像，为了解古塔提供了佐证。现选录于下，以飨同好。

明昌塔人文遗存

大悲阁正殿 千手观音

［明］ 王弘诲《登明昌塔》

春深乘兴此登台，奇甸风烟四望回。

五指云山皆北向，七星芒曜自东来。

天边渺渺龙楼迥，海上冥冥蜃阁开。

千载明昌逢泰运，伫看南极会中台。

[明] 憨山大师《登琼州明昌塔》

大地浮香海，孤标涌梵幢。

水天灵鹫现，火窟毒龙降。

日月悬空镜，乾坤照夜缸。

望云弹五指，花雨堕虚窗。

[明] 憨山大师《明昌塔》

琼海开龙藏，香幢出梵天。

即看火宅内，从地涌青莲。

《憨山大师年谱》记载：

万历三十三年乙巳，南华寺高僧憨山大师来到琼州府城，意在寻访惠洪禅师遗迹，没想到为明昌塔留下"大地浮香海……花雨堕虚窗"的诗篇。

憨山大师说：春三月，我渡过琼州海峡，在海南岛访寻苏东坡留下的桃榔庵、白龙泉等遗迹，还想寻找惠洪禅师的遗迹，却没有找到。我住在明昌塔院，写下了《春秋左氏心法序》一文；游览石山，写下了《琼海探奇记》《金粟泉记》二文。我在夜里登楼眺望琼州城，景象萧

大悲阁正殿右侧 送子观音

明昌塔人文遗存

· 105 ·

条，似乎是一块没有人烟的地方，只有城西门附近，有一点点生气。我对当地士子说："琼州城不久将有灾难，应该赶快诵经祈福。"人们认为我说妄语。之后，我离开海南岛才半个月时间，琼州便发生大地震，东面城墙和城门一起塌陷，城里的官衙住房全部倒塌。明昌塔也倒了，将我曾住过的楼阁全部压碎。离开时当地官员富绅苦苦挽留，但我不再住下。如果当时不离开，也将被压成灰粉。当时人们认为我很奇异。月夜渡海，远望海南岛美丽风光，我觉得它像一个仙都，是神话传说中所说的"十洲"之一。

佚名《春日同许给谏诸文学登明昌塔绝顶》

缥缈丹梯此共登，侧身云壑拟飞腾。

天连沧海悬孤岛，人立青霄最上层。

望气几年逢尹喜，传衣何处是卢能。

摩空捧日属吾党，雁塔龙门次第升。

杨缵烈认为，这是好事者伪托海瑞之名的诗作。

《海瑞年谱》记载：海公于明世宗朝以户部主事建言，忤旨诏狱。隆庆元年（1567年），穆宗诏复其官。隆庆四年（1570年），擢金都御史，巡抚应天。次年弃官归里。万历十三年（1585年）起用为南京右金都御史，历吏部右侍郎、右都御史，掌南院，万历十五年（1587年）卒于官邸。

也就是说，海公悠游林泉之时尚未有塔，而塔成之日海公已仙逝。许子伟于万历十四年（1586年）中进士，授行人司行人。万历十五年，海瑞病逝南京，许子伟奉旨护送海瑞的灵柩回琼安葬并守墓3年。万历十七年（1589年），擢兵部左给事中。万历二十年（1592年），子伟任吏部右给事中。史实证明，海公生前明昌塔尚未兴建，死后又焉能与许子伟同登明昌塔绝顶。

王沂暄《登明昌塔绝顶》

微云澹汉满天秋，联袂同登塔顶游。
落落层宵欣直步，茫茫碧海豁吟眸。
空中日月重轮捧，足底沧溟万里流。
遥指京华看北斗，丹梯高驾兴悠悠。

陈毓姜《登明昌塔绝顶》

宝塔高登最上头，珠崖形胜望中收。
四州环绕三山近，奇甸飞空一粟浮。
海浸无边天地阔，江流不尽古今秋。
归来丘壑羞凭眺，好向蓬莱绝顶游。

舒乔青《登明昌塔》

南溟一塔郁嵯峨，笑倚丹宵发浩歌。
木落江头秋浪恶，云开天末乱山多。
嘘风老蜃腾身起，背日哀鸿带影过。
琼岛由来称福地，不堪西望尚干戈。

冯先标《登明昌塔绝顶望海放歌》

人生称意百不忧，杖头有钱，随处可勾留。

不必东买太华，南买衡山游，且登南溟古塔绝顶之上头。

东望铜鼓，北望硇洲，一声长啸，渺然寡俦。

目中何所有？片帆点点如星流。

至中何所有？仿佛金银宫阙连云浮。

海势欲浮天欲落，涛声东去撼斗牛，浪花排空百丈立，银河倒泻不肯收。

忆昔长江破巨浪，天风送我艨艟舟，身如沧海渺一粟，性命欲向蛟龙求。

我来今日蹑绝处，快意击碎珊瑚钩。

此时青眼高歌无所有，俯祝南荒片土有如蚁垤堆培嵝。

诗一囊，酒一瓯，但愿百年三万六千日，日日登临长消万古愁。

须臾海月忽晃漾，须眉萧飒风飕飕。

飘然欲挟塔飞去，觉悟人世真蜉蝣。

茫茫人世真蜉蝣，曷不乘风一归去，径上碧城十二之飞楼。

杨缵烈《初旸塔影》

海日瞳瞳若木低，塔光突兀过亭西。

影干晓露凌云笔，尖拂晨星取月梯。

漫拟金茎仙掌动，应同玉笋佛名齐。

文峰拔地千寻起，夜半闻声好舞鸡。

杨缵烈《游大悲阁明昌塔记》

乾隆十一年（1746年）秋，主讲苏泉书院的杨缵烈与冯愧斋、丘衡之相约，结伴遨游大悲阁，登明昌塔，兴致勃勃，余兴未尽，杨缵烈泼墨挥毫，写下了脍炙人口的《游大悲阁明昌塔记》，王国宪编纂的《民国琼山县志》全文收录，使今人得以了解明昌塔的真实情况。

从万历二十四年到乾隆十一年，不过150年的时间，明昌塔已破败不堪，风雨侵蚀，字迹漫漶。杨缵烈与冯愧斋、丘衡之登临之余，感慨系之，他们在持笔抄录所见所闻的同时，还翻阅郡乘县志，然后依据实物考证，翔实评论建塔经过。

《大埔县志》记载："杨缵烈，号前村，广东大埔县百侯镇侯南人。乘时弟也。由拔贡生举乾隆元年（丙辰，1736年）顺天乡试。十年（乙丑，1745年）会试以额溢列明通榜。授和平县教谕。自为诸生，与兄乘时、弟文振每试辄列前茅，才名籍甚。学使惠士奇聘至各郡阅卷。索其全稿，亲为之序。县令蔺墙延修邑志。考献征文时称该洽。主讲琼州苏泉书院，勤于讲解，严立课程。教人读书以四书为主，其余经史必约之以四书然后为有用。"

杨缵烈是研究金石的名家，他全程记录的登临游记具有很高的文化价值。下面是《民国琼山县志》记载的杨缵烈《游大悲阁明昌塔记》全文。

中秋前三日，武溪冯愧斋元倜、琼台丘衡之玑二明经邀予游大悲阁。阁离书院二里许，阁后一塔巍然，名"明昌"，则浮

明昌塔人文遗存

粟泉亭所日夕瞻眺者也。

出书院，折而东行，不数武，衡之指予曰："苏公双泉故迹，一在书院，一在此坡之麓田塍间，幼时及见丰碑穹隆，大书'苏公双泉之一'字样，去浮粟咫尺地耳。井渫不食，日就淤塞，今则碑石亦摧断不复见矣。《易》曰：'时舍洵可恻夫。'"

将抵阁，过一略彴，愧斋曰："予得句矣：纡回竹径桥通寺。"予应声曰："徙倚泉亭塔对门。"衡之曰："邑志塔为万历间郡伯涂公文奎、邑人给谏许公子伟纠乡士夫合建者也。"愧斋曰："子闻，志载：海忠介公春日同许给谏诸文学登明昌塔绝顶诗乎?"遂朗诵曰："缥缈丹梯此共登，侧身云壑拟飞腾。天连沧海悬孤岛，人立青霄最上层。望气几年逢尹喜，传衣何处是卢能。摩空捧日属吾党，雁塔龙门次第升。"

予曰："此诗不类，必为好事者伪托。"未几，僧法空道迎进阁。阁前后两座皆三楹，气象光洁，花木清幽，颇有静致。茶毕，予与衡之转出阁后，摄齐登塔之第一级，四面瞻眺，心目旷夷，忽海风怒吼，缟绤凄其，凛不可当，乃亟下。仰视正南塔门，横嵌一石，镌"明昌塔"三大字，左记"万历三十八年岁在庚戌季冬吉旦"，右刻"琼州府知府翁汝遇、同知某、通判某、推官某鼎建"共三十九字。正北一石年月与正南同。正西一石左记"万历二十五年岁在丁酉孟冬月吉旦"，右刻"琼州府知府李多见、同知某、通判某、推官某鼎建"，皆共三十九字。正东一石仅存"万历四丙申肇基"七字，其"四"之上下皆模糊不可识，谛视右边，依稀"文奎"二字。予谓衡之曰："修邑乘者曷不据此？且计建塔费不下万金，仅此一片石载年月姓名不别立碑作记，夸张豪举，此前辈古道可法处也。"

既而风定，复登塔，故七级八觚，每级皆嵌横石，八方各有题识及姓名，大抵李、翁同时人。登至绝顶第七级，有横柱一，字多剥蚀，第一行为"吏部左给事中臣许子伟拜字"十二字，第二行为"太祖高皇帝称南溟奇甸"十字，余语似赞似铭，总不及建塔原委，其末一行为"龙飞万历二十七年己亥辛未月甲辰日镌"十七字。至是，全塔有字之石皆竭目力细辨之矣。

　　虽当登高，无暇望远，每降一级，命从人持笔砚，或备或残，钞所可辨。嗣是寺僧具斋毕，徐步踏夕阳归，舍去故径，登平陇，周望海山斜晖，暮烟竹树，秋色苍然，就浅草块荠中随意辟蹊而行。仍浼二先生小憩书院瀹茶，取架上郡邑志参考之。按邑乘载，建塔为涂、许二公。考《府志》秩官一册，涂卒于琼任，继之者为李公多见，历吴公尚友、倪公冻，即为翁汝遇，皆不载历任年月。涂无传，李、翁二传不载建塔之事，

明昌塔一角

明昌塔人文遗存

当是载笔者简略，抑善政有在，塔固无关于轻重欤？独怪许给谏传生平义举一一详记，何以竟无一语道及协力建塔一事？再考，海公于明世宗朝以户部主事建言，忤旨诏狱。穆宗立，诏复其官，改大理，擢佥都御史，巡抚应天。寻弃官归里，阅十五年。起用南佥都御史，是为万历十三年乙酉（1585 年）。洊 [jiàn] 历吏部右侍郎、右都御史，掌南院。越二载，丁亥卒于官。而许公于前一岁丙戌始成进士。诗题何以遽称同许给谏耶？

衡之曰："海公墓碑见镌护丧行人许某云。"考古之学以金石文为核，今据塔额年月，由丁酉逆数至丁亥，海公卒已十年，由丁亥顺数至庚戌，海公卒已二十有四年矣，乃不窹登塔一诗为伪而登艺文，而谓珥笔纂修者，果足传信否耶？总之，此塔之建，涂与许或并有椎轮之功，而实资李公经营，复赖翁公而后合尖，则确无可疑。修志者独归之涂、许，疏漏已多。至于海公在乙酉前逍遥林下，有可以登塔之日而实未有可登之塔，此诗出于伪托，亦确无可疑。修志者于此得毋蒙祷昧之嘲欤？

二先生皆首肯曰："然。"

于时，椰叶徐鸣，月色如霜，愧斋援洞箫奏水龙吟一弄别去。

乾隆十一年秋月记

文章末尾标注的"乾隆十一年"，距今（2020 年）已 274 年，明昌塔从倾毁到荡然无存到整体重建，到恢复"琼州第一塔"耀眼的文化光芒，琼州历史翻过了新的一页。

明昌塔赋

二〇一九年冬月，明昌塔重修告竣，工期十二个月。上距万历二十四年明昌塔肇基，为时四百二十三年；上距明昌塔惨遭侵琼日寇强拆，为时八十年。

八十年间，天翻地覆，倭奴投降，内战结束，新中国成立，旭日东升，其道光明。改革开放，国运昌隆，圆梦中华，文明蔚起，举世瞩目。中央决定海南全境建设自由贸易试验区、中国特色自由贸易港，省城海口，励志笃行，市委、市政府传承历史文明，致力文化建设，重修明昌塔，重现古塔雄姿，实为盛世盛事，宜歌宜赋。赋曰：

唐宋琼州，贬谪之岛，文化荒原，犯官忉忉，瘴疠肆虐，鬼哭狼嚎。虽苏东坡谓其"礼乐斑斑"，但王弘诲仍叹"天下士子之苦，未有琼州之甚"。明初隆典，朱洪武褒誉琼州"南溟奇

明昌塔全貌

明昌塔人文遗存

旬"。得天景运，丘濬横空出世，文章经济，学士气势，时称"海外衣冠盛事"。

郡志有记：为祈文运，聚人气，"知府涂文奎、给事许子伟及乡士夫协议创建明昌塔，历李多见、翁汝遇数任知府而成"。后地震倾圯，许子伟矢志捐修，塔耸身逝。噫嘻，国运初大，琼州"千载明昌逢泰运"。此塔建成，文气初聚，时人赞之为"琼州第一塔"。

俯仰古塔，历明而清，惊叹琼郡，瀛海福瑧。且看：士子"联袂同登塔顶游"，眼底"珠崖形胜望中收"；乘兴歌吟，"遥指京华看北斗"；夜观塔光，"天风送我艨艟舟"。民国灾变，倭寇侵琼，强拆宝刹，恶极穷凶。鸣呼明昌，毁于日寇，志士扼腕，奇耻大辱。从彼至今，整八十载，神州浴血，继往开来，国运昌隆，群情豪迈。

天风浩浩，海潮滔滔，东方磅礴，琼州雄豪。留住根脉，传承文明，古塔重修，明昌重明。圆梦中华，瑞气盈盈，琼州奋飞，祥云腾腾。明昌塔下，风光胜旧；美舍河畔，万象更新。盛世放歌：前有古人，祈福兴文；后有来者，扭乾转坤。歌赋以颂，是以为记。

己亥年（2019年）年冬月吉诞

漫谈海南古塔

海南古塔　千姿百态

古塔是我国古代建筑的艺术瑰宝，是我国古代建筑师和雕塑、绘画艺术家血汗与智慧的结晶。古塔随佛教文化于两汉之交传入我国，同儒、道文化相互交流、融合、渗透，形成了"三教合流"的局面。我国的佛教文化，属中华文化的组成部分。佛教进入中原大地，在隋唐时期渐渐进入鼎盛时期。但是，唐代的海南尚处初步开发阶段，全岛在册人口仅7万人，佛教两度传入三亚振州，都因人口稀少致使佛传荒废，直至宋元时期才逐渐传播开来。

宋《舆地纪胜·琼州风俗形胜》记载："琼州白沙津，蕃舶所聚之地。其港海岸屈曲，不通大舟，而大舟泊海岸，又多波涛之虞。琼帅王光祖欲直开一港以便商旅，已开而复合，人亦难之。忽飓风作，自冲一港，尤径于新开者，审物所助如此，

115

漫谈海南古塔

永庆寺

遂名神应港。"

著者王象之特别注明，"时淳熙戊申也"。查史志，"淳熙戊申"是南宋孝宗淳熙十五年（1188 年），距今（2020 年）已832 年。南宋时期，海南在册人口达 10 万人，佛教再次传入海南，在万宁东山岭一带，结合利用天然岩石条件修造简单寺庵开展佛传，但又因为没有相对足够的人口数量和比较发达的经济条件为支撑而渐趋荒废。有宋一代，海南较具规模的寺院数澄迈老城永庆寺。苏东坡、李纲、李光和胡铨等名贤都曾游览过永庆寺。

明代进士曾沂曾赋诗颂赞永庆寺，诗云：

> 梵宫森植有丛林，苑翳虬盘院宇深。
>
> 四际不闻钟鼓响，在中只见影阴阴。

作为当时海南的一流寺院，只见树木，不见院宇，不闻钟鼓声，可见永庆寺的低矮与简陋。当时海南在册人口也不过 10

多万人，一个县份仅数千人，院寺不可能有较大规模。

不过，明太祖朱元璋雄才大略，慧眼独具，他从大明王朝的兴盛安危的大局考虑，颁布一系列措施，誉琼州为"南溟奇甸"，升琼州为府，兴建州治与县城，沿海构筑多处卫所加强防卫，增加守备官员，促进经济发展，为海南的文化复兴创造了良好条件。

从洪武王朝到正德王朝，经过几代人惨淡经营，琼州经济得到较大程度的发展，以郡治府城为中心的琼台文化盛况空前，除宋元时期兴建于澄迈的买椰姐妹塔外，附郭州治的琼山县已相继兴建 10 座宝塔。到了万历王朝，琼州第一塔——明昌塔横空出世，建塔者将古塔建筑与周围环境有机地融为一体，在建成明代海南最美景观的同时创新古塔功能，把玄虚缥缈的"补势塔"寄托以"振兴文风"的美好愿望，演变为航海行船的标志性建筑。

据不完全统计，除重修的明昌塔外，海南现存的古塔还有美椰双石塔、儒符石塔、妙贞塔、聚奎塔、文笔塔、珠良塔、斗柄塔、见龙塔、迎旺塔和万佛观音塔等 10 多座。

美椰双石塔

美椰双石塔，俗称姐妹塔。始建于宋末元初，是海南现存历史较久的佛塔之一。美椰双石塔位于澄迈县美亭乡美郎村东南隅，坐落在两个山泉池水之中。据史书记载，塔是为纪念乡人陈道叙两个女儿入仙寿庵为尼，布施穷人，资助公益而建。

双塔相距 20 米，宋朝木楼阁式，全石条结构。外观双塔，

下大上小，层层递减，每层均立柱开门，塔檐上连平座，自一层至三层，每层檐下有圆柱 12 条，设有斗拱承托。从第四层起，各层外壁均露出半圆倚柱，开尖形券门龛内空无佛像，须弦座的正中雕有带冠的坐像一尊，做工精巧，造型优美。双塔塔基高各 3.1 米，气势森严，令人仰望。

姐塔六角七层，坐东南向西北，周长 31.4 米，高 9.96 米，六角处各雕刻有造型简朴的兽头。妹塔周长 29.64 米，高 13 米，四角七层，坐东北向西南。塔前，各有罩拱桥相通，进门可以登塔。

妹塔呈四方形，须弥座刻仰覆莲，塔刹为印度形制，结构与姐塔同为仿木单壁空筒楼阁式，造型更精致灵秀。内龛和外壁雕有佛像，须弥座虎、马、狮、象、麒麟等瑞兽图案及佛教

美榔双塔

莲瓣纹饰精美，四角
倚柱有形象生动的力
士头顶手托。塔心室
供释迦、弥陀二佛，
亦雕饰众多佛教造像
及装饰图案。塔身左
右壁龛置六护法金刚，
四条蟠龙石柱，分立
四角，一二层设廊，
塔刹为仰莲座，上承
七层相轮和刹顶宝珠。

美榔塔饰

双塔东面筑有高
大的、雕刻精巧的牌
楼式石拱门，门内竖
立两块对峙的镌有"千古流芳"字样的石碑，与双塔组成一体。
双塔东北 50 米处有仙寿庵。双塔外观协调，变化有致，为中国
现存罕有的宋朝佛教石塔建筑，是研究古代石塔和文化艺术发
展史的珍贵实物资料。

美榔双石塔的美丽传说与精湛的风格艺术从历史人文建筑
的角度折射出海南人民的聪明智慧与千古真情，不愧为中华古
塔珍品。1994 年，海南省人民政府公布其为第一批省级文物保
护单位。1996 年，国务院公布为"全国第四批重点文物保护单
位"。它不仅为研究海南古代文明发展史和建筑艺术提供直接依
据，而且也具有较大的旅游观赏价值。

漫谈海南古塔

妙贞塔

妙贞塔为宋代佛教墓塔，乃信民王氏为善人妙贞捐造。塔高 1.62 米，用整块石头雕琢而成，呈四方柱形，共分三级。第一级镌刻覆莲，斜出短檐，比较厚重；第二级镌刻仰莲与覆莲相背；第三级镌刻仰莲。整体造型简洁流畅，构图精美，颇有北魏九层石塔的文化风韵。

妙贞塔比姐妹塔建造年代要早，是琼州古塔中个体最小的墓塔，堪称"袖珍石塔"。

儒符石塔

儒符石塔，也叫涅槃塔，海南宋朝佛教名塔，在海口市石山镇儒符村，始建于宋末。相传宋高宗时期（1127—1162 年），参知政事李光之妹李氏姑娘宣扬抗金主张，反对秦桧投降求和，与兄被贬琼州，其本人谪居石山，后人为褒扬其爱国精神建塔纪念。

儒符石塔基台长 7.68 米，宽 7.6 米，高 6.3 米，呈金字状。基台后东南面有 1 米宽的 25 级台阶，可拾级而上。塔身呈四角形，高 2.6 米，分筑 4 层，檐角飞起，第一层内龛供佛像石雕 1 尊。塔顶面用石条封砌，平坦光滑。塔顶筑有一石亭，内置菩萨石雕和覆钵、火焰轮竿，前置一大石桌及香炉、香台；亭门两侧各有一座持械把门神将石雕，今已毁。

儒符石塔挺拔庄严，古老凝重，型制独特，为全国所罕见，是研究古代石塔和文化艺术发展史的珍贵实物资料。1994 年海南省人民政府公布其为第一批省级文物保护单位。

附：《儒符石塔和凤凰涅槃》

海口有座马鞍岭，周围全是冷却了几万年、几十万年的火山岩。因为前前后后都是石头，所以人们把那一带叫作石山。

石山有个小集市石山墟，现在叫石山镇。离石山镇一里地，有个坐落在火山岩上的小山村——儒符村，村旁有一座石塔。

那是一座佛塔。塔的基座高6.3米，长7.68米，宽7.6米。基座的正面是一个斜坡，设有25个台阶，拾级而上可以登上基座；基座上面安有塔座，一共7级。石塔高高屹立在塔座上，造型独特，气势雄伟。

据记载，佛塔建于宋末元初，它的真实名字叫"涅槃塔"。相传，这座塔是一位青年女子编织草鞋出售，积蓄多年建成的，因而也叫"草鞋塔"。不过，叫草鞋塔实在不雅，所以几百年来一直叫涅槃塔。"文革"期间，"破旧立新"，塔被砸毁，

儒符石塔

漫谈海南古塔

仅存塔基。

现在看到的，是用火山岩长条石干砌成的塔基。700多年过去了，历经风雨剥蚀，塔基仍然是原先垒砌的样子，只是外围变得焦黑似铁，上面爬满了绿萝；远远望去，黑黑绿绿，色彩斑驳，好像一座古堡，呈现出的是另一种人文生态。

这座塔为什么叫涅槃塔，无法知晓；但有一点尽人皆知，"涅槃"是佛教名词，是佛教所宣扬的最高境界。因为如此，就决定了它在"文革"中在劫难逃；因为如此，后人革故鼎新，改名换姓，就把它叫作"儒符石塔"；也因为如此，1986年，儒符石塔被列为省级文物保护单位。

岁月流逝了，已经发生的这一切，已成为老天爷赐予这块土地的宝贵的财富。至于叫涅槃塔，还是叫儒符石塔，窃以为并不重要。重要的是了解这段历史，了解宋末元初海口人的精神境界，了解海口这座城市深厚的文化蕴含。

建造佛塔，本身就是一种艺术，一种文化。建造佛塔，是有期待、有寄托、有讲究的，包括塔的造型、选址、朝向，等等。这座佛塔的遗址与火山口同在一条轴线上，而且基座全用火山石砌成，它说明了，这是一种和谐、一种象征；塔是靠编织草鞋积蓄建成，它说明了，这是一种虔诚、一种修炼。塔虽然毁了，但塔基仍傲然屹立，修塔的故事仍广为流传；塔虽然毁了，但火山岩仍在，修塔的毅力仍感人至深。这是一种"涅槃"，就像火山口的烈焰；这是一种精神，就像那生命的绿色，万古长青。

提起火山岩，笔者想起了不久前陪同北京朋友游览马鞍岭，拜谒涅槃塔的故事。朋友在塔基旁边，沉吟良久，若有所思，

似乎对"涅槃"很感兴趣。回到火山口公园，他突发奇想，抚摸着镶嵌在门柱上的火山岩，像是考古学家突然有了一项重大发现。"这些可是宝贝呀！"他说，"用来制作'凤凰涅槃'的建筑装饰画，那可是稀世珍品呀！"

听了这席话，我想起了郭沫若的《凤凰涅槃》。那是20世纪20年代，那时的中国"风雨如晦，乌云满天"，诗人用"凤凰涅槃"象征祖国再生，也象征他自己再生。郭沫若没有来过火山口，没有见过涅槃塔，当然不会知道早在宋代这里已演绎"凤凰涅槃"的凄美故事，当然也不会想到以"凤凰涅槃"为题材，用火山岩来做建筑装饰画。

朋友的大胆设想，很有新意。至于是否开发这一产品，另当别论。但是，在经济全球化新时代，马鞍岭真的很有必要来一场"凤凰涅槃"。

朋友的肺腑之言，道出了火山岩的经济价值。他神态庄重，表情严肃，好像是谈挽狂澜于既倒的大事，好像是做出了让火山岩承担文明素质消长、经济社会发展历史重任的决定。

朋友的建议有价值，但是更有价值的，是从整体上认识马鞍岭的环境资源、生态品位和人文历史的文化价值，包括像涅槃塔那样的尚未广为人知的人文遗址的文化蕴含。因为这些都是有待雕琢的"和氏之璧"。

是啊，佛塔、涅槃塔、儒符石塔，火山岩、马鞍岭、火山口地质公园，这些都是海口的宝贵财富。它不是全国第一，但却是全国唯一。因此，对它的保护，应做到全国第一；对它的合理开发，应做到全国第一。

从这个意义上说，海口的开发建设者也必然要经历一场

漫谈海南古塔

"凤凰涅槃"。

——选自蒙乐生《发现海口·人文圣地火山口》，有改动

珠良塔

该塔坐落在海口珠良村，故以村名为塔名。因其塔身酷似一个平面圆形的覆钵，属于覆钵式塔。覆钵式塔多见于藏传佛教地区，又称为"喇嘛塔"。因其形状颇像一个瓶子，故也俗称为"宝瓶式塔"。按理说，建造"喇嘛塔"，显然会带有特定功能。可令人奇怪的是，珠良村的周边既没有寺院，也没有喇嘛。那么，为什么要在这里建造这么一座覆钵式的"喇嘛塔"呢？更为奇特的是，这座早已倾斜的"宝瓶式塔"虽然青藤蓬蓬、簇簇拥拥，但塔体依然巍然挺立、傲然不群。最引人瞩目的还是古塔分层处的雕塑，是那绕塔一周成行排列俯视下方的蝙蝠和缭绕在蝙蝠身旁的朵朵祥云。那些蝙蝠和祥云是用特殊材料塑成粗坯，然后抹上一层朱红色的纸灰，这不啻给本来就神秘的古塔披上一层更为神秘的外衣。这般造型，这种塑像，凝结着建造者的良苦用心，同时也说明珠良塔是一座"祈福纳祥"的风水塔。

附：《珠良塔》

古塔是一种风格独特的历史建筑，一座风格迥异的古塔无疑就是一件艺术瑰宝。

海口历史上建有不少古塔，但绝大部分已在岁月风雨的袭击中悄然坍塌。侥幸躲过一劫，依然屹立于城郊乡村、山崖水畔，或几经修缮而风貌依旧的，只剩下屈指可数的5座。

这5座古塔中，年代最久的当属宋代贞女寺的附属建筑涅槃塔。不过严格地说，现存的涅槃塔并不是一座完整的佛塔，而只是残存的塔基。按建造类型来分，涅槃塔、魁星塔、儒安塔归类于金刚宝座式塔；按建造功能分，它们基本上可以归类于明志塔。而文峰塔则属于楼阁式塔，它归属于风水塔和明志塔。

珠良塔是海南极为罕见的覆钵式塔，其塔身酷似一个平面圆形的覆钵，因而得名。这座塔坐落在珠良村，故以村名为塔名。那里离琼山府城不过五千米，自古以来经济文化都比较发达，完全有建造塔的文化根底和经济实力。

覆钵式塔多见于藏传佛教地区，又称为"喇嘛塔"。因其形状颇像一个瓶子，故也俗称为"宝瓶式塔"。按理说，建造"喇嘛塔"，显然会带有特定功能。可令人奇怪的是，珠良村的周边既没有寺院，也没有喇嘛。那么，为什么要在这里建造这么一座覆钵式的"喇嘛塔"呢？更为奇特的是，这座早已倾斜的"宝瓶式塔"虽然青藤蓬蓬、簇簇拥拥，但塔体依然巍然挺立、傲然不群，这不啻给本

珠良塔

来就神秘的古塔披上一层更为神秘的外衣。

戊子年（2008 年）仲夏，为读解珠良塔，笔者走进珠良村，探访该村 83 岁的梁定枢老人。珠良村属海口市琼山区府城镇那央村委会，全村聚居着梁、周、陈、王、易、邓等姓氏，有 140 多户人家。这个小村庄房舍整洁，林木青翠，莲塘环绕，稻花飘香。不言而喻，这是一处安居乐业的鱼米之乡。

据梁定枢老人讲，梁姓于元末进村，已经历数百年历史。村子北面有一座用火山石建造的古牌坊村门，牌坊正面横梁上镌有"光绪三年（1877 年）珠良邨合村同建"的标记，背面凿有"钟灵毓秀"四个大字。古村风俗古朴，这"珠良邨"的"邨"是"村"的古体字，至今仍保留悠悠古韵。

村门通向一条田埂小道，再往前是一方又一方莲塘，珠良塔就肃立在莲塘旁，风景格外雅致。谈起"莲池花映仙姿洁，湖水波涵惠泽长"的景致，老人笑得非常舒心，非常甜蜜。那爽朗的笑声，似乎不经意地把先人建造村门和古塔的初衷演绎得淋漓尽致。

古塔与村门同时落成。这是一座覆钵式塔，塔身分四层，塔底直径约 5 米，往上直径渐小，最后收束为圆形顶拱。塔的底层有两个对开的拱门供人进出，第二层也设有对开的小拱门，在结构上与底层拱门呈十字形。三四层也是如此，只不过是越往上拱门越小，这种建筑格调使整个塔体显得十分匀称。

古塔已阅历了 130 多个春秋，但几乎褪尽朱红的塔体依然泛着淡淡的红晕。不过，最引人瞩目的还是古塔分层处的雕塑，是那绕塔一周成行排列俯视下方的蝙蝠和缭绕在蝙蝠身旁的朵朵祥云。那些蝙蝠和祥云是用特殊材料塑成粗坯，然后抹上一层朱红色的纸灰。一个多世纪过去了，那些蝙蝠依然栩栩如生，那些祥云依然飘飘欲飞。

为什么建造者要选蝙蝠和祥云作为古塔上的图案呢？因为"蝠"与"福"同音，所以民间把蝙蝠当成好运和幸福的吉祥物，而祥云则代表天，于是"蝠从天来"成了人们对美好生活的一种期待。推而广之，于是衍生"天赐五福""五福临门""百福临门"的吉兆瑞应。至于红蝙蝠，民间认为那是一种特别好的兆头。红色能辟邪，"红"与"洪"同音，红蝙蝠预兆"洪福齐天"或"洪福无量"。不言而喻，这般造型，这种塑像，凝结着建造者的良苦用心，同时也说明珠良塔是一座"祈福纳祥"的风水塔。

珠良村地处南渡江平原，河沟水渠纵横，湖泊星罗棋布，生态环境优美。从环境学的观点来看，在莲塘边建一座塔，能起到装点河山、增添秀色、赏心悦目的美学效果。风水学上有"趋吉避凶"的说法，就是在地形地势不佳之处建"补势塔"，在有煞气之处建"辟邪塔"，为振兴文运而建"文峰塔"，在水口湍急之处建"水口塔"，在景观秀丽之处建"景观塔"……以上人文特点，珠良塔似乎兼而有之。

据说，珠良塔建造之初，塔顶曾置一座佛像，遭雷击后没有修复。看来，这也许是建造覆钵式塔的一种理由，当然这仅仅是一种理性的推测。不过，古塔曾作为瞭望塔，其监视海盗活动、观察四周动静、保护村庄安宁的特殊功能至今仍为人津津乐道。从这个意义上讲，珠良塔同时也是一座具有特殊防御功能的古塔。

岁月沧桑，风雨无情，古塔已经倾斜，再也没人敢贸然进

漫谈海南古塔

入。塔里的隔层木板已经腐烂，梁木已经荡然无存，它的外墙已爬满青藤，古塔的风貌已被遮得严严实实。梁定枢老人担心，说不定哪一天，珠良塔会轰然倒塌。

但愿老天爷为海口文化保留这件"大古董"，但愿这件"大古董"重新焕发人文光彩。因为，它凝结着建造工匠的聪明智慧和艺术心血，寄托着建造者的思想情怀和精神期盼。

有期盼就有希望，有希望就有动力。社会在期盼中发展，人文精神在期盼中升华。期盼百福临门，不就是期盼风调雨顺、国泰民安吗？期盼洪福齐天，不就是期盼社会和谐、幸福安康吗？

——选自蒙乐生《发现海口·人文圣地火山口》，有改动

魁星塔

魁星塔在海口市秀英区石山镇建新村委会官良村的荔枝林丛中。始建于宋代，用火山玄武岩干垒而成，古朴壮观，塔体厚重，是一座具有极高人文价值的古塔，也是海南唯一一座以"魁星"命名的古塔。

魁星，也叫"奎星"，是二十八宿之一，历来被尊为主管文运之神。古人对魁星非常恭敬，不少地方建魁星阁供奉祭拜，并把进士第一名称为"魁甲"（状元）。

据府志、县志记载，有明一代，全岛有书院19所，而方圆几百里的羊山就有石湖、翰香、东山、凌霄、文盛、鹊峰等书院。由于文气蕴藉，所以从宋至清，羊山地区中进士的有17人，中举人的有数十人，是全岛进士、举人最密集的地区。因为有这样的背景，就不难理解"魁星塔"为什么在这里出现了。

附：《魁星塔》

她是天上星宿，没想到却委身尘寰，躲在这里，躲在石山火山脚下这个不为人知的古荔枝林里，默然守护一座以自身星座命名的塔——一座极具人文高度的魁星塔。

那天，我约了几个同伴，特地去拜谒魁星塔。

越野车在林子里转，一转就是一个小时。见到魁星塔时，着实吃了一惊。这座魁星塔历尽沧桑，依然体魄魁伟，卓然特立，不同凡俗。

与其说这是一座历史古塔，毋宁说这是一座"城堡"。

都说魁星塔不好找，其实她就耸立在山路边上——拦着一道长满绿萝的石篱笆，隔着一丘园地，傍着一处山丘；四周林海茫茫，绿树森森。

我小心翼翼，越过路边的石篱笆，轻轻拨开园地里的木薯，

魁星塔

漫谈海南古塔

129

一步一步向魁星塔走去。我想靠近她，想爬上塔顶，想对她有更多的了解。可是，她好像早有"戒备"：丛刺为"鹿柴"，石坡为"堑壕"，把一切企图入侵者都拒于千里之外。接近魁星塔居然如此之难，加上天色近黑，同伴思归，我们只好"对峙"片刻，依依揖别。

隔半月，我想再访，循道而行，遍寻未果。

第三次，我铁了心，非寻找到她不可。可是，从原道口进入荔枝林，一踏上岔路，我又一次陷入"绿色迷宫"，转了几圈，依旧茫然。

在荔枝林里穿行了大半天，不仅找不到魁星塔，而且还迷失了方向。转来转去，每一暂停之地好像都走过：身前身后都是荔枝树，道左道右都是石篱笆——就是看不见魁星塔的踪影。转久了，转累了，转得心气浮躁，转得晕头晕脑。看来，不得不面对当前的现实，没有当地向导，根本无法找到这座从上天"下凡"的宝塔。

好像我们的虔诚感动了上苍，迷茫中转入一处山寨，缓步进村。没走几步，远远看见一处廊亭，造型简朴，结构大方，看样子像是乡村小学。

那是非常罕见的亭状建筑——整个亭子由八根柱子撑着，没有围墙。它的外围有四根方形石柱，里面有四根圆形木柱，内高外矮，层次分明，空间宽阔，造型典雅。特别是柱子和拱梁的连接之处，装饰秀丽，雕刻精工，刀法流畅，颇有观赏价值。正看着，来了一位耄耋老人，见我们对这廊亭感兴趣，便主动攀谈起来。

老人指着顶梁，教我们指认依稀可辨的文字。

这个亭子建于清同治三年（1864年），后面和右侧设有学堂，那是老人家祖祖辈辈读书的地方。他及他的祖父、父亲、儿子，一家四代，都在这里接受启蒙教育。到了孙子辈，镇里合并分散的教学点，学校搬迁合并，这里便门庭冷落了。

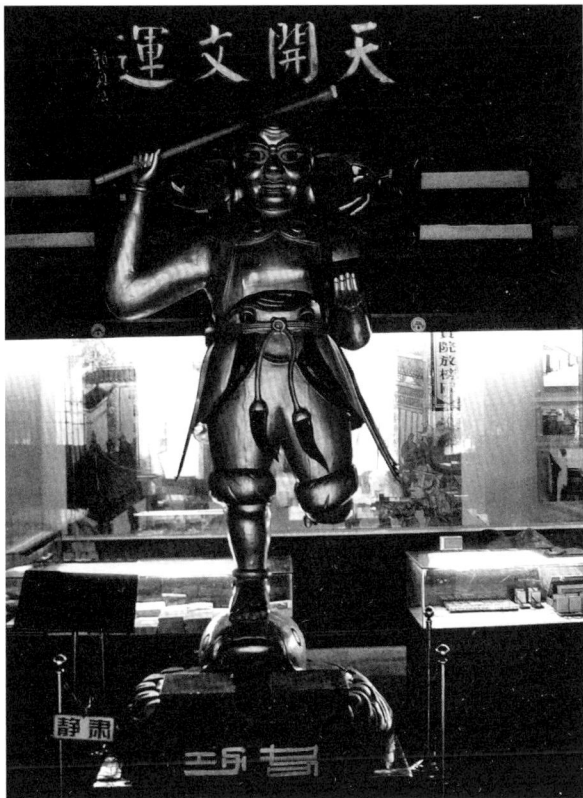

天开文运

人去楼空，留下一间百年学堂，一处文化遗址。

不难看出，当年的学子对旧学堂的眷恋和深情。

老人说，他每天都来这里，来走走，来看看，来坐坐，来追忆童年的趣事，来寻觅消逝的岁月。尽管已听不到琅琅书声，但蕴藏在脑海中记忆深处的"玉不琢，不成器；人不学，不知义"的童蒙箴言却时常会穿越历史时空在眼前回响。

多可爱的老人啊！其实，他的追忆是一种文化情结，所体现的是一种人文情怀。

当得知我们因寻魁星塔而迷路时，他便一口承诺，欣然前导，亲自带我们上路。

漫谈海南古塔

好像遇到了知音，老人为家乡有这么一座魁星塔倍感自豪，一路滔滔不绝，一会儿往左转，一会儿往右转，一会儿穿越丛林，不一会儿就把我们领到塔前。

这就是取名"魁星"的古塔，这就是躲在茂密林莽中的历史古塔。

魁星，也叫"奎星"，是二十八宿之一，历来被尊为主管文运之神。古人对魁星非常恭敬，不少地方建魁星阁供奉她，祭拜她，并把进士第一名称为"魁甲"（状元）。

所谓"魁"者，是居首位、排名第一的意思，是激励学子笃志勤学、力夺魁首的意思。诚如《吕氏春秋》所言："不疾学而能为魁士名人者，未之有也！"

"古人入学，先拜孔子，后拜魁星。"老人说，"农历七月初七是魁星生日，这一夜士子拜魁星，淑女拜织女。这是两种仪式，在男女授受不亲的特定时代，这两种仪式只好分别在不同性别的两个小天地里默然进行。"

多么有特色、有意思的火山习俗啊！可以想象，那拜魁星的场面一定热闹有趣。

然而，这一古老习俗已几近湮灭，它已藏进熏黄的典籍，藏在为数不多的老人的记忆里……如果不是寻找魁星塔，也许我根本就不知道这块土地上曾有过这样的习俗。

据说，"魁星"蓝面环眼，锦袍皂靴，形象鬼怪。

顾炎武《日知录·魁》记载：神像"不能像奎，而改奎为魁，又不能像魁，而取之字形，为鬼举足而起其斗"。所以，各处文昌阁所供的魁星神像头部像鬼，一脚向后翘起，如"魁"字的大弯钩；一手捧斗，像"魁"字中间的"斗"字。民间传

说，魁星一手斜捋飘胸的红髯，一手执朱笔，好像在思考该圈点哪个人中式（试）。

所谓拜魁星，就是用纸糊一个"魁星"置于案上，摆上祭品茶水，鸣炮焚香礼拜。

老人说，小时候对拜魁星不感兴趣，感兴趣的是玩游戏，叫作"取功名"。做法是取花生、枣子、莲子三样干果，分别代表状元、榜眼、探花。玩游戏的人围桌而坐，把三样干果抛在桌上，哪种干果落到谁跟前，谁就是状元、榜眼或探花。

有时，三样干果都不肯"青睐"座客，则这"一科"是空榜；有时，三样干果只有枣子"青睐"座客，则这科出"榜眼"，大家必须向"榜眼"敬酒……这种玩法，常常是玩到更深人静，玩到每个人都登"虎榜"，玩得大家兴高采烈。

这是一种游戏，一种娱乐，也是一种希望，一种追求。

这种玩法寓教于乐，积极、健康，比时下推牌九、打麻将要文明、高雅。

当然，作为科举取士的产物，既然科举考试已远离现代社会，那这种游戏也就失去了生存的土壤，并渐渐被人们淡忘。就像眼前这座魁星塔，它躲在这里，躲在迷宫里，以至很多人并不知道它的存在，不了解它的文化价值。

在此之前，我也不知道，也不了解。我见过多处魁星阁，但从来没见过魁星塔，查阅相关资料，也没有发现关于魁星塔的文字记载。

我不敢臆断，这是世上绝无仅有的一座以魁星命名的古塔，但我敢肯定，这是文化多样性中极为稀缺的历史文物，具有极高的人文价值。

漫谈海南古塔

我不知道，古人为什么要以魁星为塔名，也不知道为什么要把魁星塔建在这里。但我通过阅读历史典籍了解到闽南地区有关拜魁星的习俗。恰巧历代有不少闽南人迁居羊山，所以羊山有这一习俗不足为怪。

关于闽南人迁居羊山，专家学者曾做过考证。

本土学者王俞春调查过 117 个姓氏 268 名迁琼先祖，发现其中有 147 名来自福建，占迁琼先祖总数的 55%。王俞春的结论是，这些先祖大多是儒官或文人学士的后裔。他们渡海之后，上岸之时，看到羊山毗邻府城，靠近定安和老城（当年澄迈县城），而且土地肥沃、水草丰美，于是便在这里觅地造室，繁衍生息，耕读传家。

据《琼州府志》《琼山县志》记载，有明一代，全岛有书院 19 所，而方圆几百里的羊山就有石湖、翰香、东山、凌宵、文盛、鹊峰等书院。由于文气蕴藉，书香浓郁，所以从宋至清，羊山地区中进士的有 17 人，中举人的有数十人，是全岛进士、举人最密集的地区。因为有这样的背景，就不难理解"魁星塔"为什么在这里出现了。

望着眼前这座魁星塔，我想起了刚刚辞别的百年学堂以及羊山地区众多的文化遗址，想起在古荔枝林那"绿色迷宫"里一再迷路的文化尴尬。

我想，千百年来生活在这块土地上的羊山人，他们是如何避免在"绿色迷宫"里迷失方向的呢？特别是夜幕降临，找不到出路时，虽然星斗满天，但那可不是自家灯火啊！

怎么办呢？对了，看魁星吧，看北斗星中的前四颗星，看四星排列成的方形的"斗"所指位置，这么着居然找到了方向，是魁星给人们指引前程。

但是，没有星星的夜晚，或者在无法辨别方向的白天，如何走出迷宫呢？

也许，这个问题曾困惑过几代人。终于，有人想出了好办法，建一座魁星塔，就模仿涅槃塔的建造方式。因为这里与涅槃塔所在地相隔不太远，于是采用规格相同的火山岩条石，采

永秀 魁星塔

用风格相同的模式，不费多大劲就垒了起来。

于是，出现了这座魁星塔，出现了另一种"拜魁星"的形式。

其实，人是环境的产物。古时候的羊山人生活在"绿色迷宫"里，他们在进进出出的时候已考虑如何走出人生迷宫的哲学命题。

他们是跨海而来的，新的生活环境对每个人来说都是一座迷宫。甚至可以这样说，人生的处境就像一个迷宫。初来乍到，对未来充满迷惘和彷徨，又没有人告诉出路何在。回望弯弯曲曲的来路，他们选择"耕读传家"，选择一条"穷则独善其身，

漫谈海南古塔

135

达则兼济天下"的人生哲学。于是,从"拜魁星"到建造魁星塔,古时候的羊山人为自己也为孙子后代砌筑了一个人生标高,一个属于石山火山民俗文化的标高。

是啊,看转轨时期的滚滚红尘,看滚滚红尘中人欲横流,再看看身边这位老人,看这个绿色迷宫,看看眼前这座魁星塔,便不难明白什么叫超凡脱俗、物我两忘。

是啊,能得片刻之闲,片刻间能生这般心态,这不是一种人文高度吗?

——选自蒙乐生《发现海口·人文圣地火山口》,有改动

敬字塔

敬字塔,葫芦状构筑的吉祥塔,位于海口市龙华区遵谭镇咸谅村委会儒文村。

儒文村 敬字塔

儒文村的祠堂前面有一个浮屠式的敬字亭,这是羊山庙宇旁边随处可见的特殊人文建筑。所不同的是这座亭塔的构筑比其他敬字塔要精致得多。为何叫敬字塔?据说,儒文村先人有一条不成文的规定:敬畏文字,不得践踏;所有废旧书纸,一律集中焚烧。

对书纸的敬畏，实则上是对文化的敬畏、对知识的敬畏，它的背后是王氏先祖对子孙教育的一片良苦用心。这一人文建筑的发现破解了笔者对村门牌坊对联所谓"硕田""笔耕"的疑惑，冰释了笔者对"儒教传家""文学继世"的感慨，具有较高的文化价值，同时也从一个侧面解说：为什么儒文成了文化古村，为什么儒文村会出现了三名百岁将军。

聚奎塔

聚奎塔，明朝古塔，在琼海市塔洋镇西南 0.5 千米处田洋中。据《会同县志》记载："万历乙巳二十七年（1599 年），知县卢章创建，夏月逾冬造成。先是，知县梦一青衣者名霄维蹑塔顶吟曰'奎塔插天连甲第'，因名'聚奎塔'。"塔底有塔座，造型别致，周长 15 米。

塔高 21 米，呈八角形，共 7 层。塔正门朝北，上方有题"聚奎塔"三字匾。从门入塔，有螺旋砖梯通达塔顶。塔下建有凉亭、庙宇各 1 座，今已毁。聚奎塔是研究古代建筑和文化艺术发展史的珍贵实物资料。1994 年海南省人民政府公布其为第一批省级文物保护单位。

聚奎塔

漫谈海南古塔

· 137 ·

附:《聚奎塔记》

聚奎塔是海南现存几座古塔中历史悠久、建筑规模宏大的一处古迹。它肖然独立在琼海市境内塔洋镇附近的田洋上,几百年来默默迎迓往来行人于道路一旁。

塔洋在明代乃会同县治所在,古称端山。塔建成后,周围广植珍木,遍栽异卉,并修建庙宇、僧舍、凉亭等点缀其间,使端山成了会同名胜。因塔之故,后人改端山为塔洋。

聚奎塔是以"兴文引禄"为宗旨而兴建的海南最有代表性的风水塔。这座历史古塔八角七层,高插云天,造型壮美。塔身分七个层级,翘角飞檐,凌空欲飞,气势雄伟。

《会同县志》记载:此塔于明万历二十七年(1599年)由知县卢章所建,自夏迄冬而成。相传,当年建塔时,卢章夜梦一名叫霄维的人,身穿青衣,站在塔顶上朗声吟咏"奎塔插天连甲第",于是,卢章便据此意命塔名为"聚奎塔"。

明朝初年,社会安定,文教敷扬,人才辈出,海南科举及第者为历代之冠。

当时兴建此塔,旨在聚文气、纳福禄、兴会同,真难为父母官的一片苦心。也是事有凑巧,塔成不久,会同学子竟接二连三举乡荐,由是此塔声名显赫,遐迩闻名。

岁月悠悠,风雨无情。如今,古塔墙体斑驳,抹灰剥落,四周苔生。夕照之中,飞檐上几簇小榕树摇曳着柔弱的枝条迎接觅食归来的宿鸟,更显出古塔的幽寂、苍老。

古塔基座与塔体比例匀称,呈八角形。基座周边略宽,砌筑齐整,比地平面高出四个台阶,塔体屹立其上,很有气魄。看来,当年构筑此塔,规划设计者颇具匠心。

登塔之门在塔的左侧，那个仅可容身的小门洞便是登上塔顶的唯一通道。洞里很暗，人乍一进去，只能摸索着往上爬。至第二层，塔里豁然明亮。环塔四顾，周身全部是用角牙子砖、线砖砌成，内壁有伸出的条石、砌块为梯，随塔身盘旋而上，每一层都有一面墙开着小门，可供游人向外观览。

登上顶层，远望椰林环绕，好像翡翠屏障；近看田野嫩绿浅翠，好似巨大绒毯；俯视塔旁几处莲田，碧叶亭亭，红花朵朵，也一幅旖旎瑰丽的田园风光！

聚奎塔旁原有大莲塘，所产莲子曾做贡品，塘中有王大鹏创建的八角水心亭。王大鹏是民选县长，民国初年孙中山领导的国民政府在广东各县举行民主选举，王大鹏以出色的才华和良好的声誉众望所归。他励精图治，做了许多有益于人民和社会进步的工作。

《会同县志》描绘过古端山"十里翠色护亭台，望里山城气局开"的景色。端山前的赵水更是"陂塘十里，绿水盈盈，荷花映日，泽国香城"，再加上"七级层山凌赵水，长持地轴应奎文"的聚奎塔，使会同县治分外秀美。成书于1933年的《海南岛志》曾这样描绘："塘中有亭，乘舟其中，绿盖红衣，恰似身在蓬莱仙境。"20世纪50年代初期，中央美术学院画家罗铭来画琼东（1958年改为琼海，今琼海市）莲塘景，尚有"千朵莲花三尺水，一弯明月半亭风"的韵味。可惜，沧海桑田之后，《文物保护法》才问世，除了"奎塔凌霄"之外，其他像"端山耸翠""赵水凝香"等景观留下的只是优美的文字。

1958年，建塔洋卫生院时把古塔环抱在中间，至此，"兴文引禄"的风水宝塔成了救死扶伤的杏林院落，这也是当年先

哲前贤始所未料。1973 年强台风袭击，古塔遭损，1979 年琼海县拨款修葺，古塔至今仍然保持当年风貌。

数百年来，多少游客直奔聚奎塔而去，多少骚人在塔下吟咏低回，游客呼笑喧闹之时，骚人悄然离去之后，古塔依旧默默肃立，像一位历史老人注视眼前兴衰……

——选自蒙乐生《一得录·椰岛芳草地》，有改动

文笔塔

文笔塔，又名白土尾塔。清朝建筑，在文昌市东郊镇白土尾。《文昌县志》记载：清光绪年间（1875—1908 年），港边村潘运通邀众建造。塔为砖灰结构，空心，并无梯登顶。平面呈八角形，坐东朝西，塔基周长 21.58 米，共分 7 层，高 25 米，底层面西开一拱门，第二、第六、第七层各开拱门采光。第二层还有塔廊，以供游客观赏清澜港旖旎景观。

清光绪九年（1883 年），港边村潘运通建造这座塔身瘦长、状如笔尖的人文建筑，意为祈愿人文汇兴。文笔塔下，景观秀丽，清澜港一碧万顷，四周椰林叠翠。此塔传说动人，故事颇多，被列入文昌市东郊椰林风景名胜区。兴建文笔塔，原先以"祈愿人文汇兴"为初衷，寄托对家乡人文蔚起的恳切愿望，但是客观上也起到了清澜港船航入港航标作用。始建至今历百余年，未经重修，保存完整，属文昌市重点文物保护单位。

斗柄塔

斗柄塔是明朝古塔，耸立在文昌市铺前镇的七星岭主峰之上。七星岭遥对琼州海峡，自古商旅渔船往返，苦无航标，常有海难，被视为海妖作祟。明朝礼部尚书王弘诲致仕归里后，以导航和镇妖为目的，邀众集资并奏请朝廷拨款，多方协力，建成此塔。因七星岭形似"七夕星斗"，所建之塔如七斗生柄，故而得名。

斗柄塔是海南建塔史上唯一一座跨越风水学、景观学、宗教学、航海学等众多学科，大胆巧妙地借助朝廷的权力与财力而建造的一座里程碑式的建筑。据考证，斗柄塔始建于明天启五年（1625年），清光绪十三年（1887年）重修。塔平面呈八角形，高20米，基围44.8米，塔身厚3.55米，共7层。塔层依次收缩，塔壁厚度递减，以线砖和棱角牙子砖叠涩出檐；每层有拱门，内设螺旋式阶梯104级，可登塔顶。塔顶呈葫芦状，已废，今仅存覆盆。塔门西向，门额石匾刻有"斗柄塔"三个大字。

斗柄塔兴建至今（2020年）已395年，屡经风刮雷击，仍屹立如初，具有研究地方古塔建筑的实物价值，现属国家重点保护文物单位。

附：《文昌古塔》

一塔高耸，卓然独立于琼岛北疆；七岭拱卫，"七星排斗"历四百余载——斗柄塔，这独特的人文景观和珍贵的文化遗产，是海南建筑史上的艺术瑰宝。

漫谈海南古塔

斗柄塔

琼州第一塔——明昌塔

斗柄塔建于明天启五年，选址于七星岭最高峰。于是，天上北斗，地下七星，珠联璧合，自然而然便产生"北斗七星之柄"的丰富联想。基于此，时人有谓之为风水塔者，有谓之为景观塔者，有谓之为镇妖塔者，也有谓之为标志塔者……以此视之，一塔多义，盎然多趣。斗柄塔，竟然有如此深厚的建筑蕴含，竟然有如此深邃的人文意蕴。

谓之为风水塔，诚然不谬。古塔处琼岛之北，屹立七星巅峰，气势雄伟，塔体壮观。登临塔顶，极目远眺，木兰湾尽收眼底，琼州海峡缥缈云间。俯视脚下七星岭，遥望远处海南角，烟霭浩渺，碧波万顷，风帆飘忽，文昌大地，山明水秀，风光旖旎，美不胜收。

明代堪舆家说，海南岛乃金龟宝地，文昌铺前为龟头……其地背山面海，山耸主贵，水环主财，所谓得天独厚者也。也就是说，斗柄塔所在之处乃"风水宝地"。所谓风水学乃优境学，即赖以生存发展的山川形胜、地理环境异乎寻常，胜于别处，岂非风水宝地！

是的，如果把文昌放在全岛乃至全国的大背景来看——文化之乡、华侨之乡、将军之乡……如此评说，有口皆碑。且不说明代海南"一鼎三足"之首，与丘濬、海瑞相提并论的江南十一府巡抚邢宥，仅就中华民国以来而论，就有海军上将陈策、陆军上将郑介民，就有中华人民共和国大将张云逸，琼崖工农红军将领冯平、符节，等等，共150多位驰骋战场的铁血男儿和建功立业的民族英雄。作为华夏名邑，地灵人杰，建一风水宝塔，何足为奇!

　　谓为景观塔者，诚然有理。七星岭山峦挺拔，绵延数里，林木苍翠，蔚然深秀，势若青城。盘山而上，峰回路转，蜿蜒曲折，一步一景，奇伟瑰丽。此山也，半腰有泉，泉水甘甜，谓为圣水；泉下有庙，庙有典故，名曰"七星"；庙旁有湖，湖平如镜，形圆似月，时人谓之为"七星伴月"。当然，最美是七星排斗之际，坐在塔旁，仰望苍穹，星月交辉，宇宙无穷，此良宵之美，只属于七星岭，只属于斗柄塔，只属于伴塔之人，此非景观塔者何?

　　面对景观之塔，必有神话故事、神仙伴侣，才不负高天厚地、良宵佳期。故事是有的，是铺前父老说的，属于七星岭的故事，属于七仙女的故事。说的是那个镜湖，那是圣泉汇集而成的天湖，相传是七仙女沐浴的天池。那是一个圣洁的殿堂，是七仙女尽情嬉戏的乐园，并非凡俗的去处，容不得半点亵渎、丝毫不恭。可是，那个该死的猪八戒，其时职居天蓬元帅，居然借巡游之便跟踪，窥视花容月貌，七仙女惊恐万状，衣冠不整，逃回天庭。

　　玉皇大帝见到此景，以为七仙女伤风败俗，顿时气得七窍

生烟，一怒之下做法降旨，将七仙女和天蓬元帅化作石头。真是冤比天大，恨似海深，悲云骤起，泪雨倾盆。泪水渗入地下，泪水汇成溪流，悲云泪雨惊动天宫，赤脚大仙下凡暗访，据实上报，玉帝怜悯，赐封七星娘娘，于是有了七星娘娘神庙，有了错投猪胎的猪八戒，有了斗柄塔的旷世奇观。

谓之为镇妖塔，确有说法。此塔八角七层，负势直上，争高直指，拔起于峰峦之上，傲立于云海之间，如此气势，符合"青龙盖地虎，宝塔镇河妖"的说法，更何况琼州海峡风波不测甚于江河。七星岭属于琼北最高峰，斗柄塔坐镇最高处：塔体高耸，塔身魁伟，塔型壮观，气势崔嵬，且构架精巧，中空外实；选材精良，条石迭就。其塔建筑精美，逐层收缩，下大上小，比例协调，虽屡经雷击以及飓风袭击，仍稳如泰山，坚不可摧，阅历四个世纪，依然巍巍。若非天神相助，焉能金身不坏？若非为镇妖所设，缘何在此大兴土木？

史载，创议建塔者，乃明代礼部尚书王弘诲。其时，王弘诲致仕在乡，他会同文昌乡贤，致书朝廷，恳请拨款，居然奏效，斗柄塔成了有史以来海南唯一一座由朝廷拨款修建的古塔。让朝廷同意拨款修建古塔，王弘诲肯定找出了充分理由，因为没有看到王弘诲的奏章，不好妄加推测，但在风水盛行的明代，以建塔镇妖为理由，不失为比较有说服力的借口。

以王氏而言，他非常了解横亘于海岛与内陆之间的琼州海峡。在航运落后的时代，每一次海峡跨越无疑都是一回生死逾越。当年，苏东坡说过渡海感受："从徐闻渡海适珠崖，南望连山，若有若无，杳杳一发耳。舣船将济，眩栗丧魂……"这种感受，对王弘诲来说更为强烈。王弘诲是嘉靖四十年（1561

年）举人，四十四年（1565 年）进士。两番科考，两次渡海，"簸箕盘涡"，他深深感受到琼州海峡的风浪险恶——"大海之中台飓一至，氛樯覆舟，而人性命随之"。

嘉靖三十六年（1557 年），一场海难使王弘诲终生难忘。那一次，数百儒生葬身海上，护送的官员——临高知县杨时连同县印也一同覆没。对此，王弘诲发出了"天下儒生之远而苦者，未有如琼之甚者悲矣"的慨叹，因此在后来向万历皇帝呈递了《奏改海南兵备道兼提学疏》。

王弘诲说道："琼州府所辖地方为州者三，为县者十，环海而周为者凡三千有奇，青衿学子每岁集督学就试者不下数千计。然远涉鲸波之险，督学宪臣常无一至。每大比年，惟驻节雷州行文吊考。"他疾声呼吁："即今巡按、提学俱不至，而海南道额设有兵备副使一员以驻扎本府，职以为此事诚宜属之，伏望皇上……改海南兵备道兼管提学道。"

这道奏疏感情真挚，说理透彻，无懈可击，终于得到万历皇帝恩准。但是，王弘诲并不矜功自夸，后人在他的行箧中发现奏疏草稿，始知始末。万历二十七年（1599 年），王氏隐居家乡，建造尚友书院，尔后又上书修建斗柄塔，铸造了肃立于天地间的反映海南明代建筑成就的古塔，也铸造了王氏行高于众、德泽苍生的功业。为此，百姓景仰王弘诲，立"生祠"供奉；死后，百姓罢市悼念……追根探源，借镇妖为由建塔，并非臆断。

谓之为标志塔，更合实际。的确如此，在此辽阔无边的琼岛北疆，海天之间突显一塔，若非作为航行的识别标志，究竟何物？更何况此塔乃海南唯一一座海拔最高、视野最宽、塔体

漫谈海南古塔

最大、修建最难的海边古塔。再者，谓之为风水塔也好，景观塔也罢，镇妖塔也行，其作为地域标志如果不是显著突出，则其他称谓都无从提起。另外，除了作为"塔"的本始意义之外，其本身已与周围环境融为一体，成了文昌铺前地区的主要景色和象征。或者，它已完全脱离宗教意义，凭着孤耸海表的天然高度，在战略上具有监视海面船只往还变化情况的现实价值；或者像杭州的六和塔、浙江海盐的资圣寺塔，"行舟者皆望此以为标的焉"。

作为标志塔，那是文昌人以积极开放的心态，面向大海、走向世界的标识。早在修建斗柄塔的200多年前，文昌人就跨越重洋，出使外邦。《明实录·卷二百十七》：明成化十七年（1481年），遣礼部给事中林荣赴满剌加（今马六甲）充正使。海南名贤丘濬《琼台会稿·送林黄门使满剌加国序》也有"上命礼部给事中林荣仲仁为正使……谓予乡先达，不可以不言"的记载，这是最早记录海南人前往马来半岛的历史资料。作为标志塔所在地的铺前港，是海南开发较早的渔港商埠，在海岛航运史上具有重要地位。《正德琼台志》记载："铺前港，在文昌县北150里迈犊都……为商舟航集处。"为护卫航船，明王朝曾于此设水军营寨。

由此看来，在"商舟航集处"修建标志塔，其可行性可能性都是站得住脚的。或者，斗柄塔以其所在位置、所建年代、所处形态，其本身就具备多种功能。不管怎么说，斗柄塔的修建并留存至今，在海南建塔史上是不得不说的一个里程碑式建筑，它不仅跨越了风水学、景观学、宗教学、航海学等众多学科，而且大胆巧妙地借助朝廷的权力与财力，把修建古塔的缥缈玄虚改变为便民利民的实用功能，具有非常深刻的历史意义和现实价值。

——选自蒙乐生《行走文昌》，有改动

青云塔

青云塔，重建于清道光壬辰年（1832 年），在万宁市万城镇联山村山尾岭，与东山岭对峙。据《万州志》记载：青云塔的前身是文魁塔，始建于清康熙五年（1666 年），毁坏后于道光壬辰年重建，取名青云塔，因为塔身高耸壮观而得名。

青云塔高大巍峨，古朴典雅，坚固稳重，充分体现了古代万宁人民独特的砖石建筑艺术与人文情怀。百余年来，古塔虽遭无数次的强台风和雷雨袭击，但塔身至今仍安然无恙，巍然如故。古塔系石条檐砖墙结构，赤糖搅拌灰泥粘砌。层高 36 米，为八棱七层，呈菱锥形。底层西启一门，门楣嵌有一石碑横匾，阴刻"青云塔"三个大字。

古塔墙围周长 21.44 米，壁厚 1.92 米，空心直径 2.62 米；拾级而上，顺螺旋登高

.青云塔

漫谈海南古塔

层，可近观沃野村庄，远眺名山东山岭胜境。第三层西面，外墙嵌有"甲峰"两个大字，以祈人文科甲登高。顶层正中突起一八棱柱球形塔刹。

古塔整体结构坚固，形制古朴，雄伟壮观。1939 年，侵琼日军曾用重炮轰击，轰毁塔基一角，被毁面积高 5.7 米、宽 8.5 米，塔身仍岿然不动。海南建省后已将损坏处修缮好，修补时未发现倾斜。属万宁市重点文物保护单位。

见龙塔

见龙塔俗称仙沟塔，属风水塔，是定安县现存的唯一一座完好的古塔。

见龙塔建在定安县仙沟镇的龙滚坡上。清乾隆十六年（1751 年），知县伍文运、绅士林起鹤等捐资兴建，因筹资不足，半途停工。乾隆三十二年（1767 年），知县吴先举邀集绅士莫绂等捐资续建而成。塔名出自《易经》"见龙在田，利见大人"句，意在祈望人才辈出。塔高 27 米，共 7 层，呈八角形，仿楼阁式青砖、石灰混合结构。

古塔无基座，塔内中空。底层外围周长 28.16 米，内围周长 23.36 米，墙厚 2.73 米，内径 3.92 米。塔内墙有盘旋砖梯通塔顶。顶端筑如葫芦盖状，

见龙塔

上插一铁柱，高 4.2 米，起避雷作用。塔砖分别纹印"日"
"月""星""辰""天""地""玄""黄"字样，至今清晰
可见。见龙塔具有较高的观赏价值和艺术价值，属定安县重点
文物保护单位。

迎旺塔

迎旺塔是清代风水、佛事兼备的宝塔，在三亚市崖城镇城
西小学西侧。

清咸丰元年（1851 年），知州徐冰韶同州人捐建。砖木结
构，塔身高 20 米，塔底周长 13.3 米，塔壁厚 0.52 米。七级八
角，每级之间均有层叠外挑砖檐。八面塔身开有 4 个券窗、4 个
方形小花窗和 9 个小圆窗。塔刹呈椭圆形。塔身已向西南倾斜。

塔基周围曾出土众多碗盖舍利陶罐等。迎旺塔是崖州遗存
的唯一的一座古塔，对研究崖州古代建筑和历史考古有一定的
价值。属三亚市重点文物保护单位。

万佛观音塔

万佛观音塔，又称万佛塔，位于琼海市博鳌禅寺顶部，系
海南省唯一的佛塔，据介绍，该塔也是全国塔身最大、建造最
豪华、供奉佛像最高大的佛塔。万佛观音塔为八角形七层楼阁
式构建，通高 52.8 米，钢筋水泥结构。塔门双向，门向磁方位
170 和 350 度，地基为花岗岩风化残积碎石土，于 2003 年兴建。
从整体上看，宝塔肃穆雄伟，富丽豪华。

漫谈海南古塔

万佛观音塔

塔刹下部为伞形刹基（内部空心，为千手千眼观音菩萨立像头项穹隆），上部为金光四耀的硕大藕节形宝顶塔刹。塔刹全高 20 米。塔体高 52.8 米，塔顶海拔标高 77 米。台墩呈长方形，前方与地面同高，后方高出地面 15 米，左右宽 60 米，前后长 95 米。台墩顶面四周设汉白玉（白花岗岩）雕栏围护，顶面用磨光花岗岩石板铺砌。塔基为八角形，直径 40 米，高 0.85 米，顶面同样用抛光花岗岩石板铺砌，四周设汉白玉雕栏围护。

塔身系以一幢八角形七层大楼加建而成。塔身底层内径 28 米，包括四周外廊出檐直径为 38 米。顶层内径为 25 米，包括四周外廊出檐直径 29 米。出檐为飞檐翘角，檐下四周有斗拱结构承托。每层出檐的 8 个翘角下方，都悬挂大铜铃，风动时叮咚作响。

万佛观音塔身高 32 米，塔身内部底层和次层相贯通，为直径 28 米的八角形大厅，供举行佛事活动用；塔身第三层底至第七层顶，四周为环形楼层，用作写字间和活动场所；中央部位全贯通，供奉一尊巨大的千手千眼观音菩萨大立佛，其莲花宝座高达 3 米，观音菩萨立像高为 16.8 米。观音菩萨立像千手双面，一面朝北，一面向南。观音菩萨立像制作使用特制锡金铜 90 吨，斥资人民币 488 万元。塔身内部设 3 个木制楼梯上下攀登。

琼郡文化　催生古塔

讲海口文化，必须放在海南历史大背景下，离开历史大背景则无从谈起。同样，谈海南文化也离不开琼山历史，否则空洞无物。唐贞观五年（631年）"析崖之琼山置琼州"，宋开宝五年（972年）设海南卫城池，尔后1000多年，琼山一直是海南政治和文化中心。

讲琼山文化，必须尊重历史事实，要有文化自尊、文化诚信。2003年，海口、琼山两市合并，琼山市成了琼山区，大琼山成了小琼山，小海口成了大海口。如今，大小琼山连着大海口、大文化。因此，大前提是海口文化是地域文化，是以海口为中心的海南文化。

史书记载，有明一代，确切地说，是从洪武二十四年（1391年）至崇祯十六年（1643年），海南登进士者62人，其中，琼山41人，占66%；中举人者594人，琼山占一半以上。即便是其他县的进士、举人，也是在儒学拜师、府学就读，文化中心功不可没。

海南有四大文化古村，其中三个在琼山。员山周氏，迁琼始祖周秀梅是南宋翰林学士，入村始祖周矩耕读传家，赢得"父子翰林院，兄弟进士科"的美誉。金花"一里三贤"，丘濬、海瑞，光焰耀目。攀丹唐氏有6名进士，其中2对父子进士，还有36名举人。

文治教化，潜移默化，杏坛春暖，弦歌不辍。书院咸集，学子汇聚，人文蔚起，滨海邹鲁。人才集聚，文化辐射，引发

效应，产生影响。文化官员对文化敬畏，使捐资助学蔚然成风。无论是历朝州治府尹县官，或是本土赋闲官员，大都成了海口的文化使者。

讲海口文化，必须有文化自信，有文化远见，要立足当下，突出城区特点，承前启后，继往开来。2000多年历史，2000多平方千米土地，诞生了海南文化史上的巨人、圣人、仙人、伟人、神人……海口是文化大舞台，哺育了文化巨擘并反过来彰显海口。

他们以文化自尊、文化自觉、文化责任、文化气魄，创造了华夏文化史上的"中国之最""岭南之最""海南之最"等十几项纪录，书写了"价值第一论""天下第一疏""南宗第一人"等历史传奇，留下了独特性、珍稀性、唯一性、震撼性的文化典藏。

不管有多少典藏，都离不开中原文化孕育，都离不开"两伏波"（前伏波将军路博德和后伏波将军马援）在海岛点燃的华夏文明篝火。苏东坡是诚恳的，他在《伏波将军庙碑记》中说："自汉末至五代，中原避乱之人，多家于此，今衣冠礼乐斑斑然矣！"说的是海南历史文脉——海岛文化源头。

回到开头，梳理海口文化，必须厘清文脉，必须放在海南历史大背景下。从西汉开始，海口就成了海岛"衣冠礼乐"中心，成了中原避乱之人的精神家园。所以，南渡文化，古城文化，是海口文化的根基。

不管是贬官移民，还是南逃难民，登岸之初他们大多在古城落脚。几世几年之后，子孙开枝散叶，不管是仕宦京城大都还是蜗居穷乡僻壤，其道德文章、功名事业，都奉祀于海南乡贤祠。古城，既是海南文化汇聚点又是辐射点。古往今来，可圈可点！

琼台英贤　灿若繁星

琼台英贤，星斗丽天，琼州达士，灿若繁星。

"达士巷"和"琼台福地坊""绣衣坊"同为文化古城保护街区，多位琼州名士曾居此地。绣衣坊是进士坊，虽然名气很大，但与达士巷相比，却又稍显逊色。

古人所谓达士，乃明智达理之士，是达乎死生之人。太平天国称"秀才为秀士，举人为约士，进士为达士"。《后汉书·仲长统传》曰："至人能变，达士拔俗。"

达士巷，原叫"郑宅巷"。当年，郑家高门望第，前人有过

绣衣坊

漫谈海南古塔

· 153 ·

"子孙多进庠，高攀月桂宫，出为循良吏，建亭荣君赐"的描述。看来，郑家创业者是真正的"达士"。

因为如此，这里居住着"见识高超，不同凡俗"的有"达士"声望之人。琼山之所以成为中国历史文化名城，就是因为历朝历代无数贤达之士做出突出贡献。其间，有明代进士郑廷鹄、"岭海巨儒"钟芳、清代进士吴琠、晚清至民国时期著名学者王国宪等。

郑廷鹄，明嘉靖十七年（1538 年）进士。曾任工科左给事、江西布政使司右参政等职。任内考核外官，主持公道，内外称赞。政事之余，勤奋笔耕，增补勘正丘濬诗文，编成《琼台会稿》12 卷；撰辑古代军事著作《武学经传》，纂修《白鹿洞志》。母丧后不愿复出，居达士巷，著有《霍脍集》《易礼春秋说》《兰省掖垣集》《学台集》《石湖集》等。

钟芳，明正德三年（1508 年）进士，历任翰林院编修、国子监祭酒、户部右侍郎等职，提出"知行本自合一，知以利行，行以践知"观点。学识宏博，才华出众，被誉为"上接文庄，下启忠介"的岭海巨儒。著有《筠溪先生诗文集》《春秋集要》《学易疑义》《皇极经世图》《续古今纪要》《崖志略》《小学广义》《养生纪要》《读书札记》等。

吴琠，清乾隆三十四年（1769 年）进士，入选翰林院庶吉士，后授编修。曾任三通馆、四库馆纂修官，武英殿分校官，四库全书馆总校官等职。编纂《四库全书》大功告成，乾隆皇帝赐其龙尾砚、白玉如意等，并下旨建"孝行坊"表彰其父。吴琠热心公益，除出资建义学、寺院、桥梁外，还邀集同乡捐建"京都琼州会馆"，其学问道德，传为美谈。

王国宪，清末民初海南文化名人。他发掘整理地方文献，编成《海南丛书》。编辑《海忠介公年谱》《丘文庄公年谱》《王氏经籍志》《读书日记》《琼台书院志》，校补《苏文忠公海外集》，校注《丘海合集》，主编《琼山县志》等，承先启后，厥功甚伟。

明代以来，达士巷一直是名人会聚、文化交流的文化街坊。如今，达士消失了，王国宪的"百诚书屋"也已寻无踪影，但文化街坊仍在讲述琼台英贤灿若繁星的传奇故事。

文化巨人——丘濬

丘濬是海南文化巨人，是明代中期世界经济史上点数"价值第一论"的第一人。

丘濬生活在 15 世纪中期，那是欧洲意气风发、征服美洲、称王海上、称霸世界的萌芽时期。作为文化巨擘，丘濬最大的贡献是站在劳动创造价值的峰峦上"点数世界"，在经济史上率先提出"价值第一论"，这种远见卓识比欧洲经济学家整整早 180 年。

明代中期是人类发展史上的关键时期。人类以前所未有的探险精神跨越疆界对土地与资源进行疯狂掠夺，强盗风帆征服了欧洲和美洲。此后，形势不可逆转，几乎全球人跟从欧洲观点看政治、经济、科技，遵循欧洲的生产和金融模式，欣赏欧洲风格的音乐。

丘濬画像

漫谈海南古塔

同一时期，明史学家代表王朝对丘濬做出了最高评价。《名臣录》称："国朝大臣，律己之严，理学之博，著述之富，无出其右者。"可是，论者仅以"国朝"为视界，并没有站在全球的大背景下看世界，丘濬的海南同乡至今仍沾沾自喜这"目光短浅"的评价。

虽然海洋无限延伸，但海岛也与世隔绝，我们不得不承认自己的无知，500多年后看丘濬，不得不佩服他的文化气魄，不得不为《题五指山》诗的文化激情所倾倒（这首诗是他7岁时写的）。在海南文化史上，丘濬是唯一的，无人企及。64年后，"海外神童"成了文渊阁大学士，入阁拜相，成了"布衣卿相"。明人以尚书入阁，自丘濬始，那是明代第一。

丘濬所赋五指山诗，号称"海南第一诗"。

诗曰：

> 五峰如指翠相连，撑起炎荒半壁天。
>
> 夜盥银河摘星斗，朝探碧落弄云烟。
>
> 雨余玉笋空中现，月出明珠掌上悬。
>
> 岂是巨灵伸一臂，遥从海上数中原。

点数中原，气魄宏大，有人继诗，说是"中原人物知多少，数到至今手未收"。说实在的，所继之诗，含蓄委婉，优美绝妙。可是，仔细吟哦，未免胸襟狭隘，气局太小。也就是说，这位继诗者并不了解移民文化，他并不知道，海南人也是中原移民。

不管丘濬如何点数，都与中原文化薪火相传，一脉相承，息息相关。从这个意义讲，五指山横空出世，横亘古今，即便僻处海外，撑起炎荒，傲立海疆，所代表的就是中华民族人才

辈出，代代无穷，那是任何时候、任何人都无法"一一点数"清楚的。

论者评诗，称之为"国器"，焉知丘濬还是直步世界前沿的经济学家。

而且，丘濬还是思想家、文学家、医学家，他还是国家级的戏剧作家。

《中国文学大辞典》称丘濬是"戏剧作家"，著有《投笔记》《罗囊记》《举鼎记》《五伦全备记》。有人质疑，班超没来海南，为何成了"羊山公祖"？此事与丘濬有关。

班超立功西域，有益国民，封为"定远侯"。晚年思乡，上书"臣不敢望见酒泉郡，但愿生入玉门关"，激昂悲壮。明代海盗侵扰，希冀海疆安定，丘濬戏剧为此而作。

1938年，海南书局重印《投笔记》的小序说："当此虏寇深入，国家危难之际，正赖有班超其人者，投笔从戎，以救国家民族于垂亡。"可知班超因何成为羊山公祖。

《四库全书提要》："濬记诵淹博，冠绝一时，文章尔雅，有明一代，不得不置作者之列。"国学大师钱穆评价丘濬："不仅为琼岛之大人物，乃中国史上第一流人物也。"

丘濬公正无私，奉劝皇上"念祖宗之艰难，正身清心以立本……"。作为海南名贤，丘濬入阁拜相，官居一品，位极人臣，但一生清廉，绝不苟取，被誉为"中兴贤辅"。

对丘濬做出历史评价，那是文化自尊、文化自信，更是文化反思、文化激励。丘濬的身后600年，海南一直呼唤攀登文化峰峦点数中原的英才，那是文化觉醒、文化期待。

海南不会忘记，华夏不会忘记，世界不会忘记，明代中期，

来自蛮荒之地的文化巨擘丘濬，曾经站在世界经济文化的巅峰上，纵论"民惟邦本，本固邦宁"，畅谈"修身齐家，治国平天下"。其著作《大学衍义补》得到明孝宗嘉奖，博得了"理学名臣"的美誉。

文化圣人——海瑞

一部海南文化史，人才辈出，星斗丽天。人们盛赞"一鼎三甲"（邢宥、丘濬、海瑞），推崇"一里三贤"（丘濬、海瑞、许子伟），赞赏"海南四绝"（丘濬、海瑞、王佐、张岳崧），赞颂"海南四杰"（林杰、薛远、邢宥、丘濬），但享誉甚隆的是"海南双璧"。

长期以来，丘濬与海瑞并驾齐驱，两人"贵若璧玉，灿如日星"。丘濬是海南的文化巨人，在海南历史上绝无仅有，影响至今，海瑞对他十分仰慕。然而，不管是市井闾巷，还是偏僻乡村，无论知名度还是美誉度，"海青天"都比"理学名臣"略胜一筹。

丘濬是神童，人称"国器"，乡贡第一，二甲第一，官居一品，明史称"国朝大臣，无出其右"，尤其可贵的是，丘濬为官清正，为国尽忠，鞠躬尽瘁，卒于任上，

海瑞塑像

清雅望高。不过，丘濬出入宫禁，身居要职，虽然言动天听，但离百姓未免远些。

海瑞幼年失怙，母亲谢氏教诲"读圣贤书，干国家事"。年三十五，考中举人；年四十，任儒学教谕，自奉俭约。年四十四，出任知县，五年辗转三地，清苦自励。适值母寿，海瑞尽孝，"市肉二斤"，同僚讥笑。为此，海瑞特大书"寿"字，亲手献上。

嘉靖四十五年（1566年），目睹朝政暴虐，心忧苍生倒悬，海瑞披肝沥胆，置生死于不顾，"为直言天下第一事，以正君道、明臣职，求万世治安事"递上传颂千古的"天下第一疏"，指斥嘉靖皇帝"沉迷斋醮，妄想长生，不理朝政，纲纪败坏，民不聊生……"。

可想而知，嘉靖看到"嘉靖，嘉靖，所为家家干干净净而尢钱物者也"不禁暴怒，掷疏于地，命人抓捕。宦官报告，海瑞备棺材待罪，不会逃走。嘉靖无奈而长叹："此人可方比干，第朕非纣耳（这人可与比干相比，但我并不是商纣王）。"仍把海瑞关进监牢。

海瑞耿介，谥号"忠介"。年近花甲，任应天巡抚，居然颁布《督抚条约》和《续行条约册式》："禁止迎送阔气；禁止给过客（过往官员）送礼；禁止苛派银粮、差役；禁止假公济私奸利侵吞；禁止贿赂书吏……敢有一事一字不遵，一时一刻迟误，决不轻贷。"

海瑞这样说，也这样做，言行一致，雷厉风行。政令颁布，豪强或屏声敛气，或举家迁离，或逃避一时。闾巷朱门富户，一改昔日骄横，竟然涂成灰色，以避海瑞政令，至于过往官僚，

漫谈海南古塔

则改道而行。黄秉石说："令下，不敢不行者。一时传颂，民情若出汤火。"

海瑞勤政爱民，惩治贪劣，却屡受弹劾。倒是万历皇帝明智，下旨"(海瑞) 节用爱民，勤政任怨，留抚地方如故"。72岁，官居二品，七次乞休，"帝皆不允"，次年卒于南京都察院右都御史任上。身后仅存俸银十余两，旧袍数件，得同乡捐银钱才殓葬。

海瑞去世，百姓闻知，如丧考妣。万历皇帝宣布辍朝，致哀悼念，遣官谕祭。"南京同僚公祭，吊祭者数百人。及送出江上，白衣冠带送者夹岸，器而奠者，百里不绝。"

梁云龙《海忠介公行状》称："呜呼！公之出、处、生、死，其关乎国家运气，吾不敢知。其学士大丈夫之爱、憎、疑、信，吾亦不敢知。第以公之微而家食燕私，显而莅官立朝，质诸其所著《严师教戒》，一一契券，无毫发假，孔子所谓强哉矫，而孟子所谓大丈夫乎！古今一真男子也……望之如泰山壁立，就之如春风太和。"梁云龙说出百姓的心声。

及至清代，广东巡抚命副使及知府建海瑞专祠，使之与苏文忠公祠和丘文庄公祠并列一处，称"三公祠"，其祭祀之隆重，历久不衰。几百年来，历史留下了《海公案》《海公大红袍》《生死牌》等海瑞传奇，民间一直在述说海南文化圣人上"天下第一疏"的故事。

文化仙人——白玉蟾

白玉蟾（1134—1229 年），号"琼山道人"，是影响整个南宋道坛的海南人。

誉其为"海南文化仙人"，不是笔者吹嘘，而是与他同代名人做的历史评价。白玉蟾"出入三氏，笼罩百家"，山泽道人李忱感慨："莫笑琼山僻一隅，有人饱读世间书。"方家赞叹"这先生，神气清；玉之英，蟾之精；三光之明，万物之灵"，这不是神仙是什么？

作为"南宗第一人"，白氏深谙精、气、神的奥妙。《续文献通考》言他"入水不濡，逢兵不害，神异莫测，诏封'紫清明道真人'"，在道教史上空前绝后。客观地说，他应归入"真人"——中国文化推崇的修炼得道之人，然后依次是至人、圣人、贤人。

所谓"真人"，《黄帝内经》这样说："提挈天地，把握阴阳，呼吸精气，独立守神，肌肉若一，故能寿敝天地，无有终时。"至于"至人"，"淳德全道，和于阴阳，调于四时，去世离俗，积精全神，游行天地之间，视听八达之外，此盖益其寿命而强者也，亦归于真人。"

圣贤之人，等而下之。真人真言：三教异门，源同一地；学道之士，立身第一。立身要"首陈已往之愆，祈请自尊之祐"，要"洞明心地，

白玉蟾画像

漫谈海南古塔

不乐奢华，不嫌贫贱，不著于尘累之乡，不漂于爱河之内"。（白玉蟾《道法九要》）大道之妙，凝神得窍，养心为主，心动神疲，心定神闲。

人生若幻，难求其至真。真人只说家常话："世人当知俭之道，俭于目可以养神，俭于言可以养气，俭于事可以养心，俭于欲可以养精，俭于心可以养生死，是俭为万化之柄。"原来，无上妙道，皆从沉潜幽静之中得来。俭以养德，静以修身，此乃大白之话。

大白话是大实话。典读村民不叫他"真人"，而叫他"白神仙"。乡村传奇：他"画鱼戏水"，神乎其神。说白玉蟾画的鲤鱼，丢进水田，乱蹦活跳。白玉蟾画钱画马，画钱在手，一拍一文；画马御风，顷刻千里。他还能"画石围村"，飞沙走石，神通广大。

村民说的是村话，说的是白玉蟾活在他们心中的话。时下有言：金杯银杯，不如老百姓的口碑。这话从南宋说到现在，已经说了七八百年，而且子孙后代还要说下去。《正德琼台志》记载：白玉蟾"平生诗韵清绝，非食烟火者所能道"。道行高妙，诗、书、画"三绝"。白玉蟾一生，诗作有千多首，《千家诗》有收录；《中国美术史》有他事迹；《中国画家大辞典》有他传记；王弘诲誉他"彪炳艺林，为出世经世之宗，后之作者不可及矣"。

白玉蟾所著《道德经章句注》，由赵孟頫书写，笔墨圆润，骨力秀劲，被收入《四库全书》。其他著作：经部有 8 种，17 个刊版；子部有 30 种，63 个刊版；集部有 43 种，62 个刊版——总共 81 种，有 142 个刊版。此外，还有书类 3 种，3 个刊版；

有画 7 幅，7 幅版，均为稀世之作。文化瑰宝，价值连城，现收藏在台湾"中央研究院"和傅斯年图书馆。

海南旅台学人王梦云曾发起重印《宋白真人玉蟾全集》，并赞他为"吾琼首屈一指之真人"。白真人故居在今海口市石山镇典读村，相传九曲涧有他登仙飞升的脚印。仙人传奇，越传越奇，仙人身后，或云"化解于江西旴江"，或云"不知所终"。唐胄是诚实的，他编撰《海琼摘稿》6 卷，对白玉蟾仙风道骨了如指掌，但《正德琼台志》也没有确言归属。

其实，不必牵强附会、以讹传讹，更不必自以为是、自认家门。真人得真传，翱翔清风明月之下，出没绿水青山之间："山多灵芽，涧多瑶草，景物夷旷，山水绝好。"

文化伟人——唐胄

唐胄是海南文化史上的伟人，他所编撰的《正德琼台志》是"海南第一志"。

唐胄的伟大可爱，是"二十年白衣进士"写出海南第一部史书。没有编制，没有经费，没有人员，靠文化自觉，靠两个学生协助。如果没有文化信仰、顽强意志，焉能做到？

特别值得称道的是唐胄秉承"广文宫冷未为贫，木铎声高道自尊"的人文精神，传承历史文脉，44 卷《正德琼台志》，那是唐胄的心血，为后人留下珍贵的海南文化财富。

此外，唐胄为官岭南各地，编纂《广东通志》、《江闽湖岭都台志》12 卷、《西湖存稿》、《海琼摘稿》6 卷、文集《三贤祀集》和《传芳集》等，并为王佐编刊《鸡肋集》。

历史文化对传统学人的评价注重"道德文章",这是一种价值观念的认同。唐胄著述等身,但人们更看重的是他"忠于社稷,报效国家,冒死抗疏,逆旨下狱,临危不惧,一身正气"。文化伟人身后留下沉甸甸的历史财富,其精神内核是爱国、忠贞、敬业、爱民,是"为天地立心,为生民立命,为往圣继绝学,为万世开太平"的儒家品格。这是明代本土文化与中原文化相互融合的典范,在海南文化史上具有难以估量的社会意义和人文价值。

唐胄画像

金声玉振,教化天下。一方文化圣地的形成,需要族众的合力与智者笃力。假如没有文化望族的强力支撑,攀丹唐氏不可能诞生独领风骚数百年的文化伟人。反过来说,如果没有唐胄的出类拔萃和潜移默化,攀丹唐氏也不可能树起海南文化的历史峰峦。

论者认为,唐胄承先启后,他上承丘濬,下启海瑞。唐胄倡议:"族人成为秀才者,捐出官府发放的首月'米粮';考中举人者交三十分之一,考中进士者交二十分之一,为官者捐出十分之一。以上作为'教育基金'。"——这种教育思想、文化襟怀，令人钦佩。

在编撰《正德琼台志》的同时，唐胄还编撰《琼州三祠录》，激扬文教，颂扬前贤。"三祠"分别是仰止祠（祭祀王义方等 40 贤，旨在"崇德劝士"）、先贤祠（祭祀路博德等 19 贤，旨在"报功慰民"）、景贤祠（祭祀苏轼、丘濬，目的是"著述宪后，报效朝廷"）。

薪火相传，生生不息，这是中华儿女的传统教育思想。三贤祠中，客居海南者，自汉以来有 45 人，其化育之功，使乡贤勃兴；本乡贤能，自宋以来有 14 人。唐胄作此文时，是明代正德年间。从宋至明，举荐本土贤能有 14 人之多，可谓教化所及，功德无量。

史书记载：有明一代，海南登进士者 62 人，中举人者 594 人，这是海南文化史上的黄金时期。不仅英才脱颖，领袖群伦，而且指点江山，灿如繁星。当然，创造文化奇迹的原因是多方面的，但不可否认，海南文化史上的伟人唐胄对文化发展所做的突出贡献。

唐胄是嘉靖登基后起用的官员，而且就任后屡得擢升，圣恩不薄。一般说来，唐胄如此际遇，本该诚惶诚恐，结草衔环，知恩图报。可是，嘉靖一意孤行，"定明堂大飨礼"，而唐胄却不像四川巡抚都御史宋沧和湖南巡抚都御史吴山那样阿谀奉承、畏威保位，献白兔、白鹿，诈称祥瑞，而是忠于社稷、报效国家，他"冒死抗疏，逆旨下狱"。当然，反对嘉靖定"献皇帝庙号睿宗"并非唐胄一人，但他却是被嘉靖关进监牢的第一个海南人。

漫谈海南古塔

文化神人——王佐

西天庙，也叫西天大士庙，正门匾额是清代重修时海南"书绝"张岳崧题写。

庙里祀奉的是被称为"公祖爸"的王佐，他是"海南四绝"之一的"诗绝"，称之为"文化神人"是因为他对海洋文化，特别是琼州海峡潮汐有神明般的认知，为出入风波的市民指点迷津。

海府地区，庙宇不少，旧时的府城，称得上"一城灰瓦半城庙"。但是，庙宇虽多，专为一人而设立，且设于海口所城邻近，称之为"西天大士庙"者，绝无仅有。

何谓大士？大士者，菩萨之通称也，或以名声闻及佛。士者，凡夫之通称，有别于凡夫而称为大；所谓士者，事也，为自利而利他之大事者，谓之大士。

王佐是儒门学子，虽学有所成，被誉为"海南四绝"之一的"诗绝"，但并没有达到超凡入圣的地步，所称大士显然与

王佐画像

"诗绝"无关。此外，王佐也没有遁入佛门，但却被誉为大士，称为菩萨，显然有大士功德、菩萨心肠。那么，王佐有何等功德，怎样心肠？

王佐，字汝学，二十岁中举，后入太学。他天资聪颖，"学冠两监"，业师称许，国老器重，但却因此"为忌者所黜"，屡遭科场厄运，遂厌倦而诠选广东高州府同知。时境内灾荒，盗贼四起。御史主张剿杀，王佐坚持招抚赈灾，解民困厄，郡得以安，士民称颂。

王佐政声卓著，深得民心，先后任福建乡试考官、江西临江同知，始终清正廉明，"行道惠民"，"所居民爱，所去民思"，黎民立祠纪念。但他生性狷介，不肯随俗俯仰、同流合污，故为官二十余载，辗转三府，未得升迁。弘治六年（1493年），王佐致仕还乡。

显然，史料所载，世人所颂，大多称赞王佐公正廉洁，想民所思。而海南士子所誉，则大多赞叹王佐诗才。然而，《琼州府志》则以可靠史实披露：王佐被称为"大士"。志载："西天大士庙，在海口所城西二里许，祀王佐海上显灵，祈祷立应，故郡民虔祀之。"

其实，一部海岛文化史说到底就是海洋和海洋活动历史。世代吃海，靠海用海，对潮灾和飓风的认识和防御，成了海岛文化的重中之重。王佐心系岛民，所著《琼台外纪》对此有详细描绘："郡（琼州）与徐闻对境，两岸相夹，故潮涨则西流，消则东流……"

王佐对海潮记述清楚，分析精确，所以海口市民尊王佐为"公祖爸"。这个"爸"，坊间读音为"bǎ"，是神通广大的代名

词，而不是普普通通的"爸"，是敬奉他为"神"。当年，市民往返雷琼，渡海之前都要到西天庙烧香、问卦，祈求"公祖爸"保佑平安。

这是王佐被誉为大士的"大功德"，被称为菩萨的"大慈悲"。由此可知，西天庙非同凡响的历史价值与文化格局。对海南士子来说，高贵如"海南双璧"丘濬和海瑞，都没到达被尊为神灵、受凡夫俗子祭拜的至高境界。这就是誉王佐为海南文化神人的原因。

当年祭祀，清茶一杯，称之为"老爸茶"。那茶饱含文化温度，饱含人文关怀。

街头巷尾的"老爸茶"是虔诚市民祭祀海南文化神人王佐的神茶，是爱心神茶。

唯其如此，历时数百年的"老爸茶"一直风靡老街老巷，一直深受市民喜爱。

唯其如此，从明代建庙至今，西天庙香火鼎盛，屡毁屡建，一直保存至今。

文化侠客——王弘诲

王弘诲（1541—1617年），字绍传，号忠铭，定安人。嘉靖四十年中举，四十四年中进士。参加科考，来回渡海，反复"簸箕盘涡"，使他深感科举之路风浪险恶。苏东坡曾谈渡海感受："从徐闻渡海适珠崖，南望连山，若有若无，杳杳一发耳。舣船将济，眩粟丧魂。"对此，苏东坡叹息说："至险莫测海与风……寄命一叶万仞中。"

王弘诲世居海岛，亲眼看见"大海之中台飓一至，氛樯覆舟，而人性命随之"的悲惨景状，感受比苏东坡更加强烈。嘉靖三十六年，也就是王弘诲中举4年前，一场海难使琼州数百学子葬身海底，上千家长痛不欲生，以至闾里村巷谈渡海赴考而色变。

王弘诲画像

自那以后，王弘诲每次登船渡海，心潮像海潮般汹涌澎湃。睁眼闭眼间，仿佛看到沉船落难者在挣扎中沉没的绝望眼神。义不容辞，王弘诲"不避斧钺"，他向皇帝呈递《奏改海南兵备道兼提学疏》，发出"天下儒生之远而苦者，未有如琼之甚者悲矣"的慨叹。

王弘诲在奏疏中说：琼州四周环海，一府十三县，每年有数千学子渡海，到雷州参加考试，不只路途遥远，而且风波险恶，海盗猖獗，生死未卜。他举例说，陕甘两地道里遥远，改由御史督学方便学子。琼州比陕甘更遥远，伏望"改海南兵备道兼管提学道"。

这道"奏考回琼疏"，感情真挚，说理透彻，无懈可击，终于得到万历皇帝恩准。从此，海南儒生除了乡试和会试外，岁

考和科考则不用再跨海赴考。

王弘诲仗义执言，据理力争，海南考生从此称便。但是，如此功绩，他并不矜功自夸，慰己傲人。后来，人们在他的行箧中发现奏疏草稿，始知是他所为。王弘诲不愧是海南文化侠客，"奏考回琼为士子，丹心岂止海潮知"。万历三十一年（1603 年），王弘诲 62 岁，全琼 14 县员生、童生集资，在定城为其兴建一座生祠，在海南文化史上书写了"琼州风骨"。

王弘诲非常敬佩海瑞这位海南同乡。他入选翰林院庶吉士之时，恰逢海瑞任户部主事。其时，嘉靖皇帝沉迷仙道，朝政废弛，吏贪官横，朝野侧目，无人敢谏，海瑞忧国忧民，呈上了惊动天听、传颂千古的《直言天下第一事疏》。此前，海瑞已买好棺材，并将后事托付王弘诲。及被捕入狱，遭受刑罚，王弘诲不避凶险，夤夜探狱，亲理汤药，悉心照料。

王弘诲科举入仕，从翰林院编修开始，历任会试同考官、春坊谕德、南京国子监祭酒、南京吏部右侍郎、北京礼部右侍郎兼翰林院侍读学士、经筵讲官加太子宾客、吏部左侍郎，掌詹事府、教习庶吉士，到会试副总裁、南京礼部尚书，勤勤恳恳，历时三十有四年。

在中国思想史上，王弘诲是较早接受西方思想的官员。万历二十六年（1598 年），王弘诲对欧洲科学与天文历法怀有浓厚兴趣，热情接待从南昌前来南京的意大利传教士利玛窦。王弘诲带利玛窦前往北京，大胆向万历皇帝引荐，试图请利玛窦修改明代历法的错误。

万历二十七年（1599 年），王弘诲退休后家居，兴建书院，兴学育才，修桥凿井，建龙门塔和斗柄塔。特别是斗柄塔，这是海南建塔史上唯一一座跨越风水学、景观学、宗教学、航海学等众多学科，大胆巧妙地借助朝廷权力与财力而建造的一座里程碑式的建筑。

王弘诲一生，行高于众，德泽苍生，百姓景仰。他逝后百姓罢市悼念，如丧考妣；朝廷褒其功勋，追赠太子少保。著作有《天池草》《尚友堂稿》《吴越游记》《来鹤轩集》《南溟奇甸集》《文字谈苑》《南礼奏牍》等。

几百年过去了，今日琼州，古塔仍在，琼州海峡依旧潮涨潮落。潮水溅起浪花，似乎对天诉说海南文化的艰难跋涉，琼州士子的文化气节，还有那在海南文化海岸上默默耕耘并不为人知的学者才人。问涨潮，问落潮，是否还记得海南文化侠客王弘诲的一颗丹心？

文化义士——许子伟

许子伟（1555—1613 年），字用一，号南甸，琼山府城人。子伟 14 岁丧父，由庶母任氏守节教养。幼年时期的子伟受丘濬、海瑞影响，刻苦力学。万历十四年，许子伟考中进士，授行人司行人。万历十五年，海瑞病逝南京，许子伟奉旨护送海瑞的灵柩回琼安葬并守墓 3 年。万历十七年，擢兵部左给事中。万历二十年，任吏部右给事中。

宦海几年，连续升迁，圣眷甚隆。万历二十一年（1593年），子伟念及母亲年老，请假省亲，为母尽孝。期满之后，起补户部右给事中。子伟一生，崇尚海瑞，无私无畏，他先后在兵、吏、户等部任职，资望甚高；后来，子伟弃官归里，赡养

漫谈海南古塔

171

许子伟画像

老母，同时捐资助学，造福桑梓。许子伟心系民瘼，贫困邻里多得其赈济。琼州科派过重，他上书衙门，得以减免；海盗为患，他力主清剿。在京期间，他捐俸集资创建琼州会馆，享誉京华，士林景仰。

许子伟家居府城北胜街，与丘濬和海瑞是近邻，同称为"一里三贤"。丘濬故居就在附近，当年叫作下田村。作为理学名臣、一代文宗，丘濬一生，学识功勋，彪炳日星，为海南撑起了"半壁海天"，与海瑞同称"海南双璧"。许子伟深受丘濬文化影响，他曾赋《五指山和丘文庄公韵》诗，表示他直步中原的决心。

诗曰：

翠壁崚嶒五岳连，恍疑仙掌出扶天。

回环遥镇千溟浪，暖逮长浪百瑞烟。

似鼓群山来北拱，已标奇甸正南悬。

　　　　　阳春雅调应相续，俊羽清商起太原。

　　海瑞故居也在府城，就在北胜街附近，叫朱吉里。许子伟崇拜海瑞，曾拜海瑞为师。瑞刚正不阿，铁骨铮铮，德足世仪，是中国历史上著名的清官，被誉为"海青天"。许子伟忠贞廉洁，不畏强暴，弹劾权贵，呵护贫民，在许子伟身上可以看到海瑞的风骨。

　　许子伟坚贞正直，抗颜谏诤，得罪皇帝，被贬黔贵，后虽启用，不再赴任。

　　许子伟告别官场，而以"振兴海南文风"为己任，从此像模像样地当海南文化义士，用今天的话来说就是做海南文化义工。史书记载："（子伟）启迪乡民，置义学于儋州，开敦仁书院于府城；为培育文风，掌教书院于文昌玉阳，建明昌塔于下洋。"

　　辞官以后，许子伟不是悠游林下，而是为启迪乡民、培育文风，奔走于儋州义学、敦仁书院和玉阳书院之间，风尘仆仆，更加忙碌，钟情文墨，曾赋《文笔峰》诗明志。

　　诗曰：

　　　　　凭谁竖義画，插破古天荒。

　　　　　云锦毫端彩，星芒笔底光。

　　　　　颖临千嶂俯，翰洒八埏香。

　　　　　对此心缘正，依稀首欲昂。

　　他始终以丘濬与海瑞为榜样，读圣贤书，干国家事。

　　掌教玉阳书院时，许子伟赋《玉阳书院》诗以明志。

　　诗曰：

　　　　　好筑山堂深未深，篮舆便得两登临。

漫谈海南古塔

共寻胜日无边景，时话先天一点心。

苗发雨翻新作浪，枝头乌宿故知音。

乾坤不惜明开眼，红紫东风自古今。

祈望海南人文"红紫东风自古今"，这就是许子伟的文化情怀。

史料记载：明昌塔始建于万历二十四年，万历三十八年竣工。该塔七级八角，高 34 米，塔体雄伟，卓然独立，直指苍穹，轰动一方，是明代海府地区最高的宝塔，被誉为"琼州第一塔"。当时，许子伟在家尽孝，有时间与琼州府官员往来唱酬。许子伟心系故里，心怀家乡文化教育，强烈的文化自觉做出了"为振兴文风"，与琼州知府涂文奎及乡士夫协议创建明昌塔的创举。《万历琼州府志》记载："第三四至七级，各有匾题，顶上给事自制铁铭。乙巳地震倒塌，给事复建。方成，尚未完饰，随卒。"

为了这座琼州第一塔，许子伟尽心尽力，他在塔顶上"自制铁铭"，铁铭已经消失，史书仅留下寥寥几字。万历三十三年琼州大地震，刚刚落成的明昌塔在地震中倒塌，许子伟"复建"，呕心沥血，真正做到了"鞠躬尽瘁，死而后已"。

许子伟涵养气质，苦心孤诣，笔参造化，学究天人。时贤赞他"文章则宗丘深庵，理学则师陈白沙，气质则效海刚峰"。遗著有《广易通》《警觉语》《文编吟草》和《敦仁编》等，后人辑有《许忠直集》。作为文化义工，许子伟足迹遍及全岛，桃李遍布各县，但岁月流逝，他的墨迹仅存一方刻有"臣许子伟稽首敬祝"字样的现藏在大悲阁里的残碑。

清末民初第一贤——王国宪

王国宪（1853—1938年），琼山府城人，字圣轩，号尧云，晚年号"更生老人"。

之所以称之为"清末民初第一贤"，是基于他对琼台文明的人文自觉，对文化传播的竭尽全力、承先启后、孜孜不倦。王国宪对海南文化卓有成效的及时抢救，避免了海南乡贤著作的流散与遗失，对地方史志的搜集、整理与出版贡献良多，促进了乡土文化的传播与继承。

王国宪17岁参加府试，成绩优等。光绪十八年（1892年），他负笈羊城，游学广州广雅书院，梁节庵、朱鼎甫等广东名师对其悉心教诲，学业大有精进。当时，进士丘对欣主讲琼台书院、雁峰书院，见王国宪好学不倦，称赞他"绍述先业，振兴绝学，维先生其人也"。果然，王国宪不负众望，光绪二十年（1894年）参加甲午科秋试，获广东第一名优贡。

清末民初，西风东渐，新思潮、新运动风起云涌。其时，新学勃兴，兴办学堂，王国宪算是"亦旧亦新"的士子。和那个时代的杰出学人一样，王国宪既醉心于科举考试，也投身参加维新运动，接受时代的洗礼，在传统与激进的煎熬中度过自己的中青年时代。

宣统二年（1910年），王国宪被授予四等嘉禾勋章和奖状，选授广东省乐昌县（今乐昌市）教谕；

王国宪画像

漫谈海南古塔

175

民国初期担任广东省参议员，参政议政。然而，毕竟热土难离，嗜书如命的王国宪还是遵从祖训，回到琼州府城老家，从事教育事业。他先是主讲经研书院，继而在琼台书院任教。

其间，乡绅父老推荐，王国宪牵头，负责重修琼山县学。县学竣工，王国宪撰文记述其盛，主张发展教育，敷扬文教，弘扬传统文化精神。此外，他还四处奔走，筹款捐修文昌阁，执簿劝捐筹建爱生医院，呈请政府拨款为群众治病，乡里称赞，百姓称便。

民国六年（1917年），王国宪就任琼山县立中学校长，致力推广新学；民国十二年（1923年），眼看海南教育发展滞后，学子彷徨，求学无校，入读无门，王国宪呼吁创建琼海中学（海南中学前身），终于群策群力落成。创校首年，他义务兼教，担任校董和国文教师。

王国宪学识渊博，深通文史，曾创办洄酌亭诗社，主持捐修琼台书院及祀苏东坡、丘濬和海瑞的"三公祠"；兴建祀明代丘濬、海瑞、钟芳、许子伟、郑廷鹄的"五贤祠"。王国宪是海南两大著名藏书家之一，但他最突出的贡献是承先启后，编辑整理《海南丛书》。

纵观琼州历代学人，从宋姜唐佐、符确，到明邢宥、丘濬、王佐，到清张岳崧、云茂琦等，无不饮誉中原，引领琼州。可是，海南地气潮湿，即便是丘濬筑藏书石屋，但有幸保存下来的典籍，到了民国初期"仅存十之二三，每有文献无征之叹"，可谓岌岌可危。

抢救海南前贤著述，避免文化遗产湮没，这项工作不仅要耗费巨大的人力物力，而且还要耗费数额不菲的资财。王国宪不畏烦劳，不辞艰辛，邀集同仁，先后搜集整理先哲前贤遗著16 种，终于编成《海南丛书》由海南书局出版，在海南文化史上可谓厥功甚伟。

这项开创性的文化建树，成了华夏文明版图中的一道独特风景。此外，王国宪还编辑出版《海忠介公年谱》《丘文庄公年谱》《王氏经籍志》《读书日记》《琼台书院志》，校补《苏文忠公海外集》，校注《丘海合集》，主编《琼山县志》，担任《儋县志》总纂，等等。

王国宪为曾祖父王承烈《扬斋集》作序时，他开门见山，直切主题："海南风雅，盛于有明。其时人文蔚起，出而驰誉中原，垂声海内……莫盛于是时。不仅理学经济，文章气节，震动一世也。"与其说他为《扬斋集》作序，毋宁说在为海南文化呐喊。

王国宪，毕生耕耘海南文化的黑土地，为本土教育奉献了丰富的精神食粮。当年，他的故居曾聚集琼州硕儒、芸芸学子，可谓盛极一时。晚年的王国宪，自号"更生老人"，年逾八旬的他，仍在"更生书房"伏案研习。正是这种人文精神，使海南文化薪火相传。

明昌塔的文化价值

传统文化提倡："观乎天文，以察时变；观乎人文，以化成天下。"（《周易》）

2018 年 5 月 18 日，习近平总书记在全国生态环境保护大会上引用"观乎天文，以察时变；观乎人文，以化成天下"等经典，指出中华民族向来尊重自然、热爱自然，绵延 5000 多年的中华文明孕育着丰富的生态文化。生态文明建设是关系中华民族永续发展的根本大计。海口"双创"、城市"双修"取得了令人瞩目的成果，市民的文化生活水平得到显著提高。建于明万历年间的明昌塔就是遵循了生态文明的思想而建。明昌塔迁建的大悲阁藏有一方"观文成化"匾额，从一个侧面体现了古塔非凡的生态文明。

《海口日报》报道：2018 年 8 月 21 日上午，美舍河人文历史文脉复兴重点工程——明昌塔重建工程方案专家论证会在京召开。据介绍，来自美舍河当地的村民代表与首都专家一起讨论，共同商议明昌塔的重建工作。清华大学建筑学院教授、博士生导师贾珺说，明昌塔有非常明显的文化地标的含义，与一般的佛塔有明显的区别，具有多种功能。

据介绍，从历史记载及后人叙述来看，首先，明昌塔对当地人民文化生活有很大推进作用；其次，历史古塔具有一定的宗教祭祀功能，与佛道两家有密切关系；再次，明昌塔兼具灯塔作用，显现海口作为港口城市的特殊性；最后，明昌塔作为景观标志，登临古塔还可以观城市、港口周边风光。与会专家与村民代表认为：这四点特性组合起来，明昌塔在全国范围内属于比较难得的人文景观。有机会对其进行重建，在文化传承的同时，再赋予一些新时代的文化含义，对提升城市的形象、加深公众对文化的认识具有非凡的人文价值。

从历史文化名城的角度来看，明昌塔的重建，所表现的是

明昌文化园

明昌塔的文化价值

琼台福地的文化寄托。对琼山区正在实施的"琼台复兴计划"来说，明昌塔重现历史塔光就是其中的一项内容。再者，古塔傲立"南溟奇甸"是历史景观，当年，琼州第一塔傲然屹立于郡城东南，宝塔倒影摄人心魂，是"琼州八景"之一，是历史文化名城不可多得的人文景观。另外，新时代新海南在"推动共建丝绸之路经济带和 21 世纪海上丝绸之路的愿景与行动"中具有不可替代的地域优势，是圆梦中华的"南溟奇甸"，是实施"一带一路"合作倡议、与沿线国家和地区开展有效合作的共生共荣的战略平台，正是"千载明昌逢泰运，伫看南极会中台"勃然兴起的城市文化自信。

综上所述，明昌塔的重建，所体现的是历史文化名城、滨海新城的人文之美。

琼台福地的文化寄托

"琼台"是华丽楼台，"琼台福地"是风水宝地，"琼台福地坊"是金字牌坊。

从"琼台"到"琼台福地"，到"琼台福地坊"，1000 多年的历史见证府城变迁。

"琼台"得名于夏商时期，相传为桀纣所建的"玉台"。本文所指的琼台，说的是海南的别称。明正德十六年（1521 年），唐胄编纂成的海南第一部地方志就是取名《正德琼台志》。

琼台福地是最能代表海南人文历史的古迹，琼台福地所彰显的是琼州历史文明。《正德琼台志·卷二十》记载："唐贞观

五年，析崖之琼山置琼州，城筑疑始此。旧周围止三里。"贞元五年（789年），李复收复琼州上《收复琼州表》，于其地设立都督府。

清《琼州府志·卷二十》记载："琼台在府治西。唐设都督府，宋置琼管安抚都监，琼台盖当时所名。"南宋绍兴十四年（1144年），李光被贬琼州，曾赋诗《琼台》纪事。

李光诗中的"琼台"，除"玉台孤耸出尘寰，碧瓦朱甍缥缈间"外，还有"潮平贾客连樯至，日晚耕牛带犊还"的景致。显而易见，当年"琼台在府治西"，已是有名的村坊。

据考证，琼台位于抱珥山，唐代都督府、宋代都监台、元代元帅府均设在山上。明永乐元年（1403年），海南卫指挥使杨义率军驻营抱珥山并在山顶立"抱珥山"石碑，同时还在山下立琼台福地坊。可想而知，围绕"琼台"驻军，周边成了"琼台福地"。

官府筑台楼，兵营立坊栅，左右东西厢，村舍绕四围。于是，市民集聚，街坊渐兴，名气渐大。从李光赋诗，到后人唱酬，歌咏琼台的佳作陆续吟唱，琼台福地成了"琼州八景"之首。其中，丘濬的《琼台春晓》"海岛三千余里地，花朝二十四番风"最为著名。

此外，还有钟芳《寓琼台》"长安北望争何许，红日光芒丽五云"；吴鸿《琼台览古》"十三州邑钟灵地，后起何人振夕芳"；方环《琼台怀古》"山灵岂惜钟英特，会有群贤出草莱"；王沂暄《琼台》"琼台步武溯高风，多少名贤在此中"……极盛一时之颂。

于是，有关琼台福地的传说越传越奇。堪舆学家断言：琼

台高耸，抱珥山、文龙山与三台山突起，仿佛一把罗圈椅置于此地；南海紫气，华夏熏风，蕴聚琼台，飘逸福地，贵不可言。难怪明代琼州府、清代雷琼道、民国琼崖道，莫不选址于此，坐镇其间。

往事越千年，琼台福地曾几度流失"福气"。明清两代，倭寇蹂躏，民国时期，军阀践踏，琼台福地一片狼藉。"文化大革命"大破"四旧"，"琼台福地"牌坊被拆除推倒。几经折腾之后，好不容易拨乱反正，牌坊不仅原状修复，而且琼台"增其旧制"，展现新姿。

然而，鱼龙混杂，琼台福地周遭新楼争高直指，"建设性的破坏"使之面目全非。1994年，原琼山市经国务院批复同意列为国家历史文化名城，琼台遗址得以修复，关帝庙、琼台阁和福地轩相继修建，雕梁画栋，雄伟壮观。可惜美中不足，似乎少点沛然文气。

虽然如此，但绝不能漠视此处坊隅在海南历史上的重要意义。它曾经谋划南海防务，曾部署琼岛防御。从军事要塞到娱乐社区，从官衙旧址到文化圣地，坊巷往事千余年。

茶余饭后，坊间话题，期盼琼台福地降临新的福祉，期盼明昌塔的重建。

古塔傲立　南溟奇甸

明太祖朱元璋雄才大略，他意识到南海对大明皇朝利害攸关，所以倍加珍惜。在《劳海南卫指挥敕》中，朱元璋褒奖海

南溟奇甸 赵藩题

南，称之为"南溟奇甸"。明代南海，旧称南溟。朱元璋视南溟为"奇甸"，为"瑰丽奇特的王田"，使海南进入历史开发的新时期。

对此，乡贤丘濬感同身受，他借御赐的金玉良言，作《南溟奇甸赋》颂扬海南物产丰饶、人文蔚起、群英荟萃，为创建明昌塔，使之傲立"南溟奇甸"作了文化铺垫。

如果说，明代海南号称"南溟奇甸"曾得到本土大学士丘濬的极力颂扬，那么，100年前的1920年，剑川赵藩亲笔题匾则是民国文化学者对海南的文化认同与文化敬畏。当年，赵藩名满天下，如果不是对海南油然而生的文化豪情溢于襟怀，焉能流于笔端，泻于宣纸，留下墨宝。海南四水环岛，号称宝岛。1920年的琼崖虽然时局动荡，战火纷飞，惨遭摧残，但当时的文化界名宿仍因"南溟奇甸"的瑰丽奇特，有感于其"彰耀名邦"，欣然题颂。

明昌塔的文化价值

千载明昌逢泰运

古塔建成，郡县欢庆，航船以之为航标，港口航运盛况空前。为此，王弘诲赋《登明昌塔》诗，讴歌"千载明昌逢泰运，伫看南极会中台"。梁启超说："海上者，能发人进取之雄心……试一观海，忽觉趋然万累文表，而行思想皆得无限自由……故久居海上者，能使其精神日以勇气，日以高尚，此古来濒海之民，所以比陆居者活气较胜，进取较锐。"

文明在时空上是有分野的。明代或民国时期的海南文明与现代海南文明虽然有千丝万缕的联系，但历史文明与现代文明的概念、内涵实质上相去甚远。从这个意义讲，明昌塔的重建，新时代建设海南自贸港的实质性启动，正是"千载明昌逢泰运"的具体体现。

新时代海南在"推动共建丝绸之路经济带和 21 世纪海上丝绸之路的愿景与行动"中具有不可替代的地域优势，是圆梦中华的"南溟奇甸"，是实施"一带一路"合作倡议、与沿线国家和地区开展有效合作的共生共荣的战略平台，这不正是"千载明昌逢泰运，伫看南极会中台"吗？中国特色自由贸易港建设的实施，正在全力打造这个高水平的开放平台，而 2020 年将是海南发展史上的伟大的转折点。审视"南溟奇甸"，观赏百年匾额，完全可以相信，随着海南营商环境的不断完善、经济要素的快速流动，随着国家战略利益和战略空间不断向海洋拓展和延伸，新时代新海南必将成为举世瞩目的繁荣昌盛的新南溟新奇甸。

历史名城的文化之美

海口文化史实质上是一部移民文化史，一部海岛开发史。

谈海岛的开发离不开海，离不开海滩，离不开以海为田。

从 1 万年前的草莽洪荒，到西汉设置州郡的初始文明，南腔北调，文化碰撞，其间故事多多，感叹多多。其实，感叹从渡海开始，从海滩继续，并逐渐向海岛腹地延伸。

唐贞观末年，盛唐文化传播，确立了汉文化在海南的主导地位。其时，海口叫崖州，州治在今天的旧州。史料记载，唐天宝（742—756 年）以前，中原移民 34200 多人。当时是走水路，从内陆向海岛顺着海岸行船，沿南渡江到旧州登岸。

有宋一代，多达十万移民，其中有不少是戴罪显宦、文化精英。这么多人从雷州半岛起航，渡过琼州海峡，登临海口浦，

椰城风采

明昌塔的文化价值

在百里滩涂安家，成了海口城市发展史上第一代拓荒者。历宋而元，历元而明，胼手胝足，艰难积淀，长期积累，奠定了城镇发展基础。

客观地说，海岛发展，说到底是从港口从海岸从滩涂开始的。汉置珠崖，大军登岛，"焚舟烈楼，饮马儋耳"。2000多年前的"烈楼"即后世"烈楼都"，包括今天长流、西秀两镇的狭长海岸，今日的西海岸和金沙滩。那千年港口，曾点燃海岛文明的第一堆篝火。

百里海岸，是海口文明之岸。千百年来，不知有多少风帆在这停泊，不知有多少喜悦与苦痛在这里倾吐。当年镇海村叫"后港"，海潮灾变，"前港"消失，成了今日的样子。当年的新海村叫"天尾港"，那里悲欢交集：日寇侵琼在那儿登陆，解放海南在那儿登岸。

围绕那百里海岸，不知有几多忧愁，几多苦痛。明昌塔创建，祈望的是文风振兴，琼州繁荣昌盛，百姓安居乐业。鸦片战争后海口被辟为通商口岸，欧风美雨，灯红酒绿，海岸在呻吟，百姓在洒泪……及至海南建省，及至唱响春天的乐曲，城市西扩，海岸嬗变。

从此，这处荒凉偏僻的被现代文明遗忘的角落，成了举世瞩目的黄金海岸。从此，百里海滩成了百里绿廊；百里游人百里欢笑。从此，百里海岸成了都市海岸，文化海岸；成了经济海岸，娱乐海岸；成了轮滑海岸，帆板海岸；成了休闲漫道，旅游通道。

从此，这百里海岸成了省会城市的行政中心，成了城市公共中心聚集区和现代服务业聚集区，成了辐射北部湾及泛珠三角地区的集聚地，成了省城创意产业高地，成了物流仓储业汇聚地、农产品中心市场，成了滨海休闲度假旅游胜地和绿色宜居城市示范社区。

文化传承，文明裂变，海洋永远是视点，永远是焦点。明昌塔重建，成了历史文化名城的新视点，成了延续历史文脉的联结点。城市开发，城市拓展，海岸永远是起点，永远是热点，文化永远是亮点。当代海口文化史，正在书写百里海岸、百里绿廊的文明史。

明昌塔的文化价值

重建明昌塔的社会意义

城市是文化容器，文化是城市的灵魂。

明昌塔是人文建筑，是历史文化之塔。

历史名城，品位之城，基石就是文化。

其实，不管是城市化还是现代化，哪一化都离不开文化。说白了，城市文化空间有多大，城市发展空间就有多大。城市发展，不管怎么说，都离不开城市文脉

早在明代，海口先贤就提出"观文成化"，主张"以文化人"。因为如此，奠定了历史文化名城立意高远、气魄宏大的城市意识和海阔天空、有容乃大的城市精神。

传承琼台文脉

传承琼台文脉，说到底就是弘扬与传承琼台历史文化，就

是"观文成化"。

古人云："经纬天地曰文。"（《左传》）所谓经纬其民，就是以文化人，以文化市。

以文化人，重在重教兴学，重在振兴文风，重在激励琼州士子奋发进取。

从北宋立儒学到明清建书院，海口可查可考的书院有67所，兴建最早的是赵孟頫题写院匾的东坡书院。此外，享有盛名的还有同文书院、奇甸书院、西洲书院、石湖书院、敦仁书院、崇文书院、乐古书院、珠崖书院、琼台书院、月湖书院、桐墩书院等。

兴建书院与创建古塔一样，都是士绅捐资，或是集腋成裘。离明昌塔不远处的桐墩书院，就是陈文徵创办。陈氏国子监肄业，但他并不沿袭读书出仕的道路，而是隐居课徒。陈氏精通韵律，故筑高墩植桐制琴，并取书院名"桐墩"。陈文徵与丘濬同时代，他除了藏书读书，尤其嗜爱古琴。他认为"材不良故器不完，器不完故声不扬，此琴所以往往失古人之意"。为此，他培土成墩，种植桐树，并建藏书小屋于其上，称为"桐墩书院"，丘濬赞誉："数百年不完之音，殆于此复振耶！"

还有乐古书院，也是感人至深。《琼州府志》记载：汪廷贞建乐古书院，函聘大儒陈白沙主讲。陈氏丧母守孝，婉辞不就。汪廷贞将复函勒石，建亭深埋，名"怀沙亭"，寄托对名师怀念。陈白沙感而赠诗，曰："忽然土木起经纶……可能谈笑起斯文。"

除了知名书院，还有乡党之学，即乡学、义学、社学、私

塾，等等。虽然名称不同，但内容都是办学，而且办学场所大多设在祠堂。以当时的海口与府城来说，本岛大姓多建有大宗祠堂并兼设学堂，且学堂之设必有资助，资助学子科举夺第，期望间里人文蔚起。

攀丹唐氏是文化大家，教育世家。从宋末唐震兴建"唐子藏书楼"到明初唐英"教乡人弟子一十余年，束脩绝无道及"，唐氏"父子修圣贤之学，兴礼教以化黎民"，琼州名贤丘濬、王佐、海瑞均出于唐氏门下。谈海南文教，唐氏"宾兴助学"，功不可没。

除了"议创宾兴"的《翰香宾兴碑》之外，散见于乡野的还有《英豪宾兴碑》《育才宾兴碑》《立德树人宾兴碑》和"宾兴田""宾兴坡""宾兴铺"等。诚如创议宾兴的父老寄言："兹者宾兴既创，书院又成，从此教化文风，蒸蒸日上……大为吾琼生色。"

明昌塔内门

创建明昌塔，目的是振兴海南文风，然而古塔多灾多难："乙巳地震倒塌，给事复建。方成，尚未完饰，随卒。"许子伟为传承琼台文脉而卒。还有，史载"按塔原有捐入并给事置田共十五丁，塔地系徐崇文尚义捐施"，慷慨捐赠，为传承文脉乐于奉献。这是历史之城的文化品位，也是首善之城的文化善举。这就是以文化人，这就是以文化市，它所体现的是文化名城的器识高远、气度恢宏的人文特质和海纳百川、容民蓄众的精神内核。

活化城市记忆

琼州郡城是一座有故事有记忆的城市。明昌塔坐落于郡治艮方，地处南海之滨，是琼北的最高建筑，也是远洋航船的灯塔。文人墨客，登临远眺，吟诗作赋，相互唱酬，留下了古城的动人故事、宝刹的记忆。那是悠久的历史记忆，是"琼州第一塔"的历史记忆。

你看，知府涂文奎来了，给事中许子伟来了，他俩身后是协议创建的乡士夫，他们都是振兴琼州文风的议创者和践行者。你看，同知李鸣阳、通判佴梦骝、推官傅作霖来了，他们是振兴琼州文风的支持者和见证者。此外，还有儋州、万州、崖州、琼山、澄迈、临高、文昌、定安、会同、乐会、陵水、昌化、感恩十三县的知县，他们为明昌塔欢欣鼓舞，骄傲自豪。你看，知府李多见来了，知府吴尚友来了，知府翁汝遇来了，知府倪栋来了，他们承先启后，以文化自觉承担起振兴琼州文风文化责任，为兴建明昌塔立下了汗马功劳。

万历三十三年琼州大地震明昌塔倾圮，时任琼州府同知

重建明昌塔的社会意义

（当时代理知府职权）的吴箓心情非常悲痛，他在向上峰呈交的《申文》中写下了："达曙，徒跣奔祷于文庙、城隍庙、社稷坛及各神祠，则又见金碧威仪荡然渐败，而明昌塔且靳然如截矣"的记录。

你看，王弘诲来了，他登临古塔，兴致勃勃，放声高歌"春深乘兴此登台，奇甸风烟四望回"；王沂暄拾级而上，边走边吟"落落层宵欣直步，茫茫碧海豁吟眸"；陈毓姜登上塔顶，沾沾自喜"宝塔高登最上头"，举目远眺"珠崖形胜望中收"。舒乔青得句："南溟一塔郁嵯峨，笑倚丹宵发浩歌。"冯先标《登明昌塔绝顶望海放歌》："人生称意百不忧，杖头有钱，随处可勾留。不必东买太华，南买衡山游，且登南溟古塔绝顶之上头。"

杨缵烈饱含文化激情，携朋友登临古塔，还写下《游大悲阁明昌塔记》。作为著名的金石学家，他一边攀登，一边考证，一边做笔记，记下了"正东一石仅存'万历四丙申肇基'七字，其'四'之上下皆模糊不可识"，为古塔修建于何年提供了珍贵的实物依据。

以上种种，都是"琼州第一塔"明昌塔留下的文化名城的历史记忆。从万历二十四年明昌塔肇基至今（2019年），423年过去了；从明昌塔惨遭侵琼日寇强拆至今，80年过去了。80年间，天翻地覆，日寇投降，内战结束，旭日东升，新中国宣告成立。改革开放，国运昌隆，圆梦中华，文明蔚起，举世瞩目。中央决定海南全境建设自由贸易试验区（港），省城海口，励志笃行，市委、市政府传承历史文明，致力文化建设，重修明昌塔，活化国家历史文化名城的城市记忆。城市发展，文化繁荣，古塔重现雄姿，意义深远。

据介绍，重修明昌塔研讨会在京召开时，清华大学建筑学院教授、博士生导师贾珺说，明昌塔的本身非常有意义。许多人认为海南地处天涯海角，是远离中华核心文化圈的地方，实际上海南与华夏文化有着非常紧密的联系，这些联系通过文明载体——比如塔来呈现。

明昌塔有非常明显的文化地标的含义，与一般的佛塔有着明显的区别，具有多种功能。从历史记载、后人叙述来看，首先，明昌塔对当地人民文化生活有很大的推进作用；其次，具有一定的宗教祭祀功能，与佛道两家有密切关系；再次，兼具灯塔的作用，显现海口作为港口城市的特殊性；最后，作为一处景观标志，登塔还可以观城市、港口周边风光。

结合这四点特性来看，明昌塔在全国范围内是属于较为罕见、比较难得的人文景观。有机会对其进行重建，使之在文化传承的同时，再赋予一些新时代的文化含义，对提升城市的形象、加深公众对文化的认识都是非常有价值的。活化城市记忆，

海口市琼山区美舍河文物+旅游工程一期明昌塔

奠基仪式

公元二〇一九年一月五日十点
农历戊戌年甲子月壬寅日癸巳时

明昌塔 奠基

奠基

重建明昌塔的社会意义

通过文脉挖掘梳理，增加地区文化内涵及价值，发挥"文化+旅游"的优势，能够极大提升海口整体文化形象。

中国建筑设计研究院顾问总建筑师、国家文物局专家组成员孙大章说，明昌塔重建是非常有必要的，因为海南的历史遗迹非常少，群众乐见的名胜应该恢复。明昌塔是传承当地文化的一个建筑物，海南历史出了很多的名人，通过重建明昌塔可以传承历史文化。

国家文物局文物专家组成员朱宇华说，明昌塔字面包括"政治清明、文化昌盛"的含义，反映海口当时的社会状况。在明清两代，明昌塔热闹非凡、文风鼎盛，明昌塔的重建跟我国的文化复兴一脉相承，重建就是继续挖掘民族文化的记忆，重拾海口城市历史。

增强文化认同

讲琼台历史文化，必须放在海南历史大背景下，离开历史大背景则无从谈起。同样，谈海南文化也离不开琼山历史，离不开明昌塔人文历史，否则空洞无物。

唐贞观五年"析崖之琼山置琼州"，宋开宝五年设立海南卫城池，尔后1000多年，琼山一直是海南政治和文化中心。2003年海口、琼山两市合并，琼山市成了琼山区，大琼山成了小琼山，小海口成了大海口。如今，大小琼山连着大海口、大文化。因此，大前提是海口文化是地域文化，是以海口为中心的海南文化。

史书记载，有明一代，说得确切点是从明洪武二十四年至崇祯十六年的 252 年间，海南登进士者 62 人，其中琼山 41 人；中举人者 594 人，琼山占一半以上。即便是其他县份的进士、举人，也是在儒学拜师、府学就读，文化中心功不可没。

文治教化，潜移默化，杏坛春暖，弦歌不辍。书院咸集，学子汇聚，人文蔚起，滨海邹鲁。人才集聚，文化辐射，引发效应，产生影响。文化官员的文化敬畏，使捐资建校助学蔚然成风。无论是历朝州治府尹县官，或是本土致仕赋闲官员，他们大都成了海口文化的参与者、建设者、见证者，明昌塔就是在这样特定的人文环境下诞生的。

讲海口文化，必须有文化自信、文化远见，要立足当下，突出城区特点，承先启后，继往开来。2000 多年历史，2000 多平方千米土地，诞生了海南文化史上的巨人、圣人、仙人、伟人、神人……海口历史是文化大舞台，哺育了文化巨擘并反过

奠基仪式

重建明昌塔的社会意义

来彰显海口。

他们以文化自尊、文化自觉、文化责任、文化气魄，创造了华夏文化史上"中国之最""岭南之最""海南之最"等十几项纪录，书写了"价值第一论""天下第一疏""南宗第一人"等历史传奇，留下了独特性、珍稀性、唯一性、震撼性的文化典藏。

不管有多少典藏，都离不开中原文化孕育，都离不开"两伏波"在海岛点燃华夏文明篝火。苏东坡是诚恳的，他在《伏波将军庙碑记》中说："自汉末至五代，中原避乱之人，多家于此，今衣冠礼乐斑斑然矣！"说的是海南历史文脉——海岛文化源头。

回到开头，梳理海口文化，必须厘清文脉，必须放在海南历史大背景下。从西汉开始，海口就成了海岛"衣冠礼乐"中心，成了中原避乱之人的精神家园。所以，南渡文化，古城文化，是海口文化的根基。

不管是贬官移民，还是南逃难民，登岸之初他们大多在古城落脚。几世几年后，子孙开枝散叶，不管仕宦京城大都，还是留守穷乡僻壤，其道德文章、功名事业，都奉祀于海南乡贤祠。古城，既是海南文化汇聚点，又是辐射点。古往今来，可圈可点！

观今宜鉴古，古为今用，薄古厚今。观文成化，以文化市，以文化人。海口文化，海涵万族；文化海口，口碑载道。认知名城，认同海口；认知海口，认同名城。毫无疑问，明昌塔重建，人文遗迹重现，优秀传统文化的弘扬与继承，更有利于文化认同。

激发城市活力

今日海口正处于新时代城市发展史上大变革、大跨越、大发展的伟大的新时期，城市"双创"已取得成绩并不断拓展创建成果，城市"双修"已经初见成效并将继续以前所未有的速度、力度、广度和深度全面推进，经济实力不断增强，文化建设成就喜人，城市文明异彩纷呈。

重建明昌塔，传承琼台文脉，重现明昌塔光，活化城市记忆，有利于增进市民对城市的认同感和归属感，有利于激发城市活力，有利于激发全体市民和广大社会公众住在海口、热爱海口、建设海口的文化激情。显而易见，历史名城的文化力呈现出非凡魅力。

在本课题的开头，笔者开宗明义：作为国家历史文化名城和全国文明城市，重建明昌塔是"琼台复兴"肩负的可持续发展的重任。这是梳理城市文脉，修复文化名胜，保护历史文物，勃发市民精神；是促进全体市民的文化归属，增强城市亲和力与文化凝聚力。

琼州第一塔落成，古塔灵光重现，与海南第一楼遥相呼应，是历史文化名城的一项重大贡献。客观地说，这是不可或缺的硬件建设，需要软件建设的迅速补位。为此，受琼山区旅游和文化体育局委托和泛华建设集团有限公司襄助，海口市乡土文化发展研究会以文化振兴为己任，拟定了以历史为根，以文化为魂，以惠民为本，以务实为要，以古塔为视点，以强化海口历史名城保护与开发为热点和亮点，完成了《琼州第一塔——

明昌塔》文化研究成果。

这是海口文化的研究成果，更是文化海口的研究成果。两者都与海口、都与文化有关，但海口文化，指的是海口这座城市的文化侧面，它有自己特定的人文蕴含，是内在的，是有限定的。海口文化，它包括城市的人文地理和人文历史，是海口自身区别于其他城市的根本所在，是城市发展的人文基石。文化海口区别于海口文化，它所强调的是海口的本质特征，它既是内在的，又是外在的；它的外延广泛，涵盖丰富，特色鲜明；它是城市风貌，城市文明，城市气魄，城市灵魂，城市精神，城市软实力，是海口未来发展的强大的推动力。

所以，如何激发城市活力，如何增强城市软实力，是海口文化更是文化海口的根本命题。也就是说，如何确立文化建设在海口城市发展中的战略地位，如何把文化作为一个完整的体

激活城市活力

系来规划和实施，如何进一步扩大文化覆盖面和提升文化影响力，如何促进文化经济化和经济文化化进程，如何以文化人、以文化市，如何培育市民的独立人格和丰满个性，都是应解决的问题。

总之，"文化建设"这一命题已成为海口城市建设者必须认真研究并切实解决的重大课题。笔者认为，文化海口的核心内容、定位及发展策略的根本问题是文化传承与文化创新，是在开拓创新中吸收更多的历史价值、经济成分，迅速提升城市科技含量和市民的人文素养，为构建海南国际自由贸易港中心城市和"首善之城"提供文化扶持和智力支撑。

稍为展开来说，"文化海口"主要有六方面内容。

第一，"文化海口"所指的"文化"是广义的"文化"，是文化最大化，是大文化，它涵盖城市文化的全部文明成果，其核心内容和主体部分是现代城市的思想理论、观念道德和科学教育、文化艺术、社会行为、生活习惯等等，是推动海口发展的文化力。

第二，"文化海口"的"文化"是与时俱进的现代文化，是观文成化，是提升文化软实力；是保护继承弘扬优秀传统文化，吸收人类一切优秀文化；是在这一基础上融汇时代精神，创造具有热带滨海城市特色，能够代表市民利益、满足市民文化需求的新文化。

第三，"文化海口"在发展定位上要突出城市文化的引导地位，在文化普及上要突出文化在社会各个领域的渗透特性，在城市品位标识上要突出文化的提升作用，在人的发展完善上要突出以人为本、以文为魂的全面发展，简言之，就是要以文

化人，以文化市。

第四，在表现形态上，"文化海口"作为一种文化形态，既表现为空间上的静态存在与动态发展，又表现为时间上的动态积累和静态发展，是市民生活文化化与文化生活化，是两者之间的不解之缘，是促使城市生活更美好，是表现在城市品牌上更为响亮。

第五，"文化海口"作为目标，理应有突出的文化标志、浓厚的文化氛围、丰富的文化内涵、独到的文化特色、宏大的文化精神、发达的文化产业；理应是丰富生活、美化生活，是生活情趣与人文情怀和文化建设的提升，并由此来推动文化市场蓬勃发展。

第六，"文化海口"作为一项系统工程，既要有理论体系的不断完善，又要有对发展目标和时间进程的系统规划；既要有全社会的认同，又要有市委、市政府的权威决策；既要有文化工作者的不懈努力和执着追求，又必须有全社会公众的广泛参与和全力共建。

总之，"文化海口"是城市活力的迅速提升，是滨海城市迈向现代化国际性城市的必由之路。从这个意义上讲，重建明昌塔，使之与五公祠遥相呼应，激活市民历史记忆，这本身就是文化海口的着眼点和落脚点，旨在立足于提升海口市民对所居住城市的认同和归属，旨在激活全体市民"住在海口、热爱海口、建设海口"的饱满的文化热情。无数的着眼点和落脚点的汇集，就是助推城市的认同感和归属感。

明昌塔重建花絮

业主单位：海口市琼山区人民政府

责任单位：琼山区旅游和文化体育局

代建单位：海口旅游文化投资控股集团有限公司

设计施工单位：泛华建设集团有限公司

监理单位：安徽国华建设工程项目管理有限公司

2017 年 2 月 21 日，海口市夏瑶村 300 名市民联名致信海口市委、市政府，"请求重建明昌塔"；

2018 年 12 月 7 日开标；

2018 年 12 月 27 日取得施工许可证；

2018 年 12 月 28 日进场开工；

2019 年 6 月 10 日第七层封顶；

2019 年 12 月 10 日全部工程完工；

2020 年 1 月 1 日开放纳客。

参考文献

[1] 冯天瑜，何晓明，周积明. 中华文化史[M]. 上海：上海人民出版社，2010.

[2] 张秀平，王乃庄. 中国文化概览[M]. 北京：东方出版社，1988.

[3] 唐胄. 正德琼台志[M]. 海口：海南出版社，2003.

[4] 载熺，欧阳灿，蔡光前. 万历琼州府志[M]. 海口：海南出版社，2003.

[5] 焦映汉，贾棠. 康熙琼州府志[M]. 海口：海南出版社，2006.

[6] 萧应植，陈景埙. 乾隆琼州府志[M]. 海口：海南出版社，2006.

[7] 明谊，张岳崧. 道光琼州府志[M]. 海口：海南出版社，2006.

[8] 王国宪. 民国琼山县志[M]. 海口：海南出版社，2003.

[9] 海南百科全书编纂委员会. 海南百科全书[M]. 北京：中国大百科全书出版社，1999.

[10] 蒙乐生. 发现海口丛书[M]. 海口：南海出版公司，2007.

[11] 蒙乐生. 行走文昌[M]. 海口：南方出版社，2012.

[12] 莲池. 憨山老人梦游集[M]. 北京：北京图书馆出版社，2015.

后 记

年前，敦雅创意公司受海口市琼山区旅游和文化体育局的委托，决定撰写《琼州第一塔——明昌塔》一书。当时，双方商量，该书的书数必须达到 6 至 7 万字。因为不知情况，不了解内在因缘，自觉勉为其难。这些年来，公司一直努力开展海南乡土文化建设，《琼州第一塔——明昌塔》适时而上，正好为海南自贸港建设发力。为此，我们义不容辞，知难而上。

都说城市是"文化的容器"，城市化说到底是历史文化。海口是国家历史文化名城，而明昌塔是最能体现历史名城文化风韵的古塔。所以不管再难，也得认真做好这部文章。我们从调查研究开始，认真走访村民干部，采访现场施工人员，抓住一切有利条件，努力挖掘文化潜力。从城市公园着手，从公园建设着眼，努力把周边的一切融会贯通，积极整合。

幸好，文化是通融的、发散的，是善于发挥其作用的。明昌塔的建设，携挂着有识之士的心，携挂着市委、市政府决策

者的心。为此，大家集思广益，意气风发；施工单位认真筹划，积极工作，工程质量良好。就这样众力所加，众志成城，收到良好意愿，成就了辉煌事业。

另外，也真是难为蒙老师，伏案勤耕，孜孜不倦，终日勤劳于业务。他收集丰富的历史资料，熟悉城市历史典故，自觉钻研历史文化，博采众长，做到物为我用，用其所长。因为历史的原因，明昌塔被毁于日寇，毁于战争，所有资料联合整用，自然而然成就自我，达到以历史为原因，写作历史故事。另外，也是碰上"新冠病毒"隔离封闭，整天眼瞪着一部电脑，反正有时间，故而不日成就一般功劳，完成了《琼州第一塔——明昌塔》的写作。

从已定书稿来看，现在是已超过原定的计划。也许，这本书有先天的不足，有这样那样的不完善，所以勉为其难，欢迎大家不吝提出宝贵意见，我们将于再版之时作修改。

写作是艰难的，但也是快乐的，正好捧上这样丰硕的果实，献给我们伟大的城市。

是以为后记。

姚名发　敬识

特别鸣谢

本书的整理和出版得到下列单位的鼎力相助：

泛华建设集团有限公司　襄助

海口市琼山区旅游和文化体育局　指导

海口市乡土文化发展研究会　支持

谨对他们热忱支持地方文化事业的义举致以诚挚感谢！

2020 年 1 月 10 日

鸣
谢